高学年用

小学校英語
早わかり

実践ガイドブック

― 新学習指導要領対応 ―

大城 賢／萬谷 隆一 編著

開隆堂

はじめに

　小学校で新しい外国語教育が始まります。外国語活動が必修化されたばかりなのに，また新しいことが始まるのか，と不安や不満を持たれている先生も多いと思います。しかし，中教審答申にも記されているように，グローバル化が急速に進展し，英語によるコミュニケーション能力は，子どもたちがどのような職業に就くとしても，生涯にわたるさまざまな場面で必要とされることが想定されています。今回の学習指導要領の改訂で何もしなければ，次の改訂は2030年頃になります。それでは遅すぎます。さまざまな課題はあるものの，子どもたちの未来のために，大人が汗を流す必要があります。

　新学習指導要領は2020年度から全面実施になりますが，実際には2018年度の移行期から「先行実施」，または「移行措置」が始まります。全面実施まで，何もしないという選択肢はありません。2017年度中に学習指導要領の趣旨を十分に理解し，2018年度に備えなければなりません。残念ですが，時間はあまり残されていません。

　本書は，このような状況の中で，現場の先生方の不安をいくらかでも解消したいという思いから緊急出版される運びとなりました。改訂された学習指導要領は，改訂前の内容を大部分で引き継いでいるとはいえ，育成する資質能力が①「知識及び技能」，②「思考力，判断力，表現力等」，③「学びに向かう力，人間性等」に変更されたこともあり，構成も大きく変更されています。学習指導要領自体の分量も増え，『学習指導要領解説』にいたっては，分量が多すぎて，読むのも一苦労，という声も聞こえるようになりました。

　そこで，本書においては，逆にシンプルさを心がけ，読みやすく，わかりやすい解説を試みています。さらに，実践例を示すことにより，改訂された学習指導要領が実践に移された際に授業場面をイメージできるようにしています。本書が少しでも多くの先生方の不安を払拭し，実践の手引きとなるものと確信しています。

　　　　　　　　　　　　　　　　　　　　　　　　編著者

目　次

はじめに ……………………………………………………… 2

本書の構成／対照表 ………………………………………… 4

解説編
1. 新学習指導要領を読み解く ……………………… 6
2. これからの授業の展望 …………………………… 22

実践編
1. 効果的な教科横断の仕方 ………………………… 42
2. 絵本を通して豊かな英語のやりとりを ………… 46
3. 文字の教え方 ……………………………………… 50
4. デジタル教材の活用法 …………………………… 54
5. わが町紹介／日本紹介の教え方 ………………… 58
6. 異文化理解を「教える」とは …………………… 62
7. 児童生徒に効く小中連携を ……………………… 66
8. 「道案内」はプログラミング教育の
　　"はじめの一歩" ………………………………… 70

巻末資料
❶ 授業で使える表現集 ……………………………… 74
❷ 新学習指導要領（外国語）……………………… 82
❸ 新学習指導要領（外国語活動）………………… 90

本書の構成

解説編
　　新学習指導要領のわかりやすい解説と、解説を踏まえてこれからの小学校英語の授業の展望について、さらに詳しく具体的に解説していきます。

実践編
　　解説編であげられた今回の改訂のポイントや、実際に授業でどのように生かしていけばよいかについて、実践例を交えながらかんたんに説明をしています。

巻末資料
　　巻末資料には授業で使える教室英語、文科省発行新教材の中で使われる英語表現リスト、新学習指導要領（外国語活動・外国語）が収録されています。

新教材関連ユニット対照表

本書	新教材 5 年	新教材 6 年
1. 教科横断（p.42）	Unit 2, 6, 7, 8	Unit 4, 6
2. 絵本（p.46）	Story Time	Story Time
3. 文字（p.50）	Unit 1, 2, 3, 4, Sounds and Letters	Sounds and Letters
5. わが町紹介／日本紹介（p.58）		Unit 2, 4
6. 異文化理解（p.62）	Unit 6	Unit 2, 7
7. 小中連携（p.66）		Unit 9

解説編

小学校英語で知りたいこと

1. 新学習指導要領を読み解く

　新学習指導要領が平成29年（2017年）3月31日に公示されました。今回の学習指導要領の目玉の1つが小学校中学年への外国語活動、および高学年への教科としての外国語の導入です。これは日本の英語教育の枠組みの変更を意味します。前回の外国語活動の導入の時とは異なり、さまざまな制度面での変更や準備が必要となってきます。特に、教科となれば、教科書が作成されることになります。教員免許法も、大学の教員養成課程のカリキュラムも変更されることになるでしょう。いったいどのような中身なのかと不安に思われている先生も多いことと思います。しかし、今回の外国語活動の中学年への前倒しや、高学年での教科化は、これまでの外国語活動の成果を踏まえたものです。これまでの外国語活動の良さを活かし、発展させることが大切です。したがって、これまで外国語活動を担当されてきた現場の先生方が、これまでとは、どこが、どのように異なるのかを十分理解し、中学年での外国語活動および高学年での教科化に向けて準備をすることが大切です。

　そこで本項においては、1．新学習指導要領の特徴、2．外国語活動の目標と内容、3．外国語の目標と内容の3つの柱に分けて解説したいと思います。

1. 新学習指導要領の特徴

　学習指導要領は、改訂前と改訂後では、どのように変わったのでしょうか。改訂前と比べながら、その特徴をみていきたいと思います。

（1）育成を目指す資質・能力を明確化

　改訂された学習指導要領では、育成を目指す資質・能力として、「知識及び技能」、「思考力、判断力、表現力等」、「学びに向かう力、人間性等」が示されています。この3つの資質・能力は、すべての教科・領域・校種に共通した要素で、教育課程全体を通して育成することが求められています。外国語活動・外国語においても、この3つの柱によって目標や内容を再整理しています。詳しくは後述しますが、外国語の学習においては、語彙や文法等を個別の知識や技能として学習させるのではなく、思考・判断を伴う活動の中で、活用させることが大切となります。また、これらの活動をくり返すことによって学習内容の理解が深まり、自信もつきます。また、これらの活動と相互に関連し養成されていくのが、学びに向かう力や人間性などです。これらの3つの資質・能力は不可分であり、一体的に育成していくことが求められています。

　また、今回の改訂においては、各教科等の特質に応じた物事を捉える視点として、

「見方・考え方」を示しています。これは，各教科の学習の中で働くだけでなく，大人になって生活していくにあたっても重要な働きをするものです。資質・能力の3つの柱が活用・発揮され，その過程で鍛えられていくのが「見方・考え方」であるとされています[1]。ですから，この「見方・考え方」というのは，各教科を学ぶ本質的な意義の中核をなすものであり，社会に出たあとともこれらの「見方・考え方」を働かせることにより，よりよい人生を切り拓くことに資するものとならなければなりません。外国語科においては小・中・高を貫く共通事項として「外国語によるコミュニケーションにおける見方・考え方」が示され，それは「外国語で表現し伝え合うため，外国語やその背景にある文化を，社会や世界，他者との関わりに着目して捉え，目的・場面・状況などに応じて，情報や自分の考えなどを形成，整理，再構築すること」[2]と定義されています。小学校中学年の外国語活動から，高学年の外国語，中学校及び高等学校の外国語のいずれの学校段階においても，この「見方・考え方」が共有され，これを働かせることによって，それぞれの学校段階で求められる資質・能力を育成することになります。

(2) 学習指導要領の構成の変更

前述したとおり，改訂後の学習指導要領は，「知識及び技能」，「思考力，判断力，表現力等」，「学びに向かう力，人間性等」の3つの柱で目標や内容が再整理されました。それに合わせて改訂前とは構成も異なっています。改訂前と改訂後の学習指導要領の構成を比べてみましょう。外国語活動を例にあげて説明したいと思います。表1をご覧ください。

(表1) 学習指導要領（外国語活動）

改訂前	改訂後
第1　目標 第2　内容	第1　目標 第2　各言語の目標及び内容等 　1. 目標 　　（1）聞くこと 　　（2）話すこと [やり取り] 　　（3）話すこと [発表]

1　中教審答申，平成28年12月
2　同上

	2. 内容
	［第3学年及び第4学年］
	〔知識及び技能〕
	（1）英語の特徴等に関する事項
	［思考力，判断力，表現力等］
	（2）情報を整理しながら考えなどを形成し，英語で表現したり，伝え合ったりすることに関する事項
	（3）言語活動及び言語の働きに関する事項
	①言語活動に関する事項
	②言語の働きに関する事項
第3　指導計画の作成と内容の取扱い	3. 指導計画の作成と内容の取扱い
	第3　指導計画の作成と内容の取扱い

　構成を比べてみる前に，表を見ると一目瞭然ですが，改訂後の学習指導要領は改訂前よりも，より詳しいものとなっています。改訂前は外国語活動の目標と内容だけが示されていますが，改訂後はまず外国語の目標が示され，次に各言語（英語）の目標および内容が示されています。これは小・中・高と目標・内容に一貫性を持たせるためです。また，改訂前の中学校および高等学校の学習指導要領においても，まずは外国語の目標を示し，そして，外国語の中から英語を選択する場合は「英語」という特質を踏まえて目標や内容が示される構成となっています。中学年の外国語活動は教科としての位置づけではありませんが，構成を同じにすることによって，小学校高学年，中学校，高校へと続く外国語学習の一貫性をより強く打ち出したものとなっています。

　英語の目標としては領域ごとに示されています。また，今回の改訂では，前述したように，育成を目指す資質・能力が（1）「知識及び技能」，（2）「思考力，判断力，表現力等」，（3）「学びに向かう力，人間性等」の3つの柱で構成されたため，内容もそれに合わせて組み替えられています。

　表を見ると，3番目の柱である「学びに向かう力，人間性等」が抜けているように見えますが，それは，「知識・技能」および「思考力・判断力・表現力」と一体となって育成されると考えたためです。「学びに向かう力，人間性等」だけを取り出して指導することなど不可能なことです。「知識及び技能」は，「思考力，判断力」を伴って活用されることを通して「表現」に結びつきます。そして，「知識及び技能」や「思考力，判断力，表現力等」は，「学びに向かう力，人間性等」と相互に関係し合いながら育成

されていきます。

(3) 一貫性を持たせた目標・内容の具体化・明確化

　前述したように，改訂前の学習指導要領と異なり，新しい学習指導要領は小・中・高校[3]を通じて，より一貫性があり，より具体的で明確な目標・内容が示されています。例えば，外国語活動の「聞くこと」の目標は，ア，イ，ウの3つに分けて示されています。そして，アは「ゆっくりはっきりと話された際に，自分のことや身の回りの物を表す簡単な語句を聞き取るようにする」，イは「ゆっくりはっきりと話された際に，身近で簡単な事柄に関する基本的な表現の意味が分かるようにする」，ウは「文字の読み方が発音されるのを聞いた際に，どの文字であるかが分かるようにする」と記されています。改訂前の「聞くこと」に関する記述は「外国語を通じて，外国語の音声や基本的な表現に慣れ親しませる」となっていますので，これと比べると，いかに詳細な目標が設定されたかがわかります。

　このように，一貫性を持たせて目標・内容を詳細に示すことにより，かねてより指摘されていた「小・中・高の接続がうまくいっていない」という問題を改善することができます。また，目標と合わせて評価を充実させることにより，学習者の状況を詳細に把握することができ，指導に活かすことも可能となります。

(4)「主体的・対話的で深い学び」の実現に向けた授業改善

　学習指導要領は，これまでは指導方法には言及せず目標や内容を中心に示してきました。指導方法はいくつもありますから，それは現場の教員に委ねられてきたのです。しかし，新しい学習指導要領においては，指導方法の1つである「主体的・対話的で深い学びの実現に向けた授業改善」という項目が「指導計画作成上の配慮事項」として，外国語活動および小学校高学年，中学校の外国語で示されています。これは，かなり改善されてきたものの，依然として一方向型，受身型の授業が多いことの裏返しと思われます。変化の激しいこれからの社会においては，より一層，自ら学び，思考し，未知の事象に対応する力が必要になってきます。これまでも「主体的な学び」や，「探究型の学び」は実践されてきましたが，これをさらに進め，深い学びに結びつくような授業改善を，強制力の伴う学習指導要領に書き込んだ意義は大きいと思われます。

　「主体的・対話的で深い学び」を外国語活動及び外国語科の特質を踏まえて，効果的な学習が展開できるように配慮する必要があります。例えば，主体的な学習が行われるように，学習者自らが学習の見通しを立てたり，学習計画を立てたり，また，学習

---

[3] 高等学校の学習指導要領は，1年遅れの2018年3月に公示の予定。

を振り返ったりする場面などを設定することが大切になってきます。また，自分の考えなどを広げたり深めたりするためには，ひとりで学習するのではなく，対話を通して学んでいく場面を設定することが必要となります。最終的には，「主体的な学び」，「対話的な学び」を通して学びの質，つまり，「深い学び」がつくり出されなければなりません。

英語科の特質としては，英語を使って対話（コミュニケーション）を図る場面を設定することが大切になります。英語の授業では，これまで，「対話」がなかったわけではありません。しかし，それは，どちらかというと情報ギャップを利用した「事実のやり取り」に終わることが多かったように思います。今後は，事実のやり取りに終わることなく，「対話」を通して自らの知識が広がったり，考えが深められたりするように対話の質を高めていかなければなりません。その点からすると，詳細は後述しますが，「話すこと」の領域として「やり取り」が加わったのは，最適なタイミングであり，意義深いことです。

（5）「話すこと」を「やり取り」と「発表」に分ける

表1で示したように，外国語活動の目標は「聞く」，「話す［やり取り］」，「話す［発表］」の3つの領域で示されました。高学年および中学校の外国語においても，「話す」の領域が「やり取り」と「発表」の2つの領域に分けて示されています。

「やり取り」が導入された背景としては，今回の学習指導要領の目標設定において，CEFR[4]を参考としたことがあげられます。CEFRでは，「やりとり（interaction）」をコミュニケーションにおける中枢的な役割を果たすものとして捉えています。日常のコミュニケーションにおいては，一方的に話すことは稀で，話者どうしが「聞いたり」「話したり」することを交互に行います。言語習得の観点からも，「やり取り」の重要性が認められており，今回の学習指導要領において，この「やり取り」が取り入れられた意義はいくら強調してもし過ぎるということはありません。

2. 外国語活動の目標と内容

それでは改訂前の外国語活動と比べながら，新しい学習指導要領における外国語活動の目標や内容をみていきたいと思います。

---

4 CEFR（Common European Framework of Reference for Languages: Learning, teaching, assessment, 外国語の学習・教授・評価のためのヨーロッパ共通参照枠）。2001年に欧州評議会において発表されたもの。語学シラバスや外国語運用能力評価のために，何ができるようになるかをレベルごとに詳細に記述している。

（1）改訂前の目標は改訂後の外国語活動へ引き継がれている。

改訂前の外国語活動の目標は以下の3つの柱で構成されていました。

①言語や文化に関する体験的な理解

②積極的にコミュニケーションを図ろうとする態度

③外国語への慣れ親しみ

改訂後の学習指導要領では以下のようになっています。

①外国語を通して，言語や文化について体験的に理解を深め，日本語と外国語との音声の違い等に気付くとともに，外国語の音声や基本的な表現に慣れ親しむようにする。

②身近で簡単な事柄について，外国語で聞いたり話したりして自分の考えや気持ちなどを伝え合う力の素地を養う。

③外国語を通して，言語やその背景にある文化に対する理解を深め，相手に配慮しながら，主体的に外国語を用いてコミュニケーションを図ろうとする態度を養う。

　改訂後の学習指導要領では，前述したように，育成を目指す資質・能力が「知識及び技能」，「思考力，判断力，表現力等」および「学びに向かう力，人間性等」の3つの柱に整理されています。①が「知識及び技能」，②が「思考力，判断力，表現力等」，③が「学びに向かう力，人間性等」となります。
　見比べるとわかるように，「言語や文化についての体験的な理解」「コミュニケーションを図ろうとする態度」「自分の考えや気持ちなどを伝え合う力の素地を養う」（下線筆者）などは，改訂前の外国語活動で大切にされてきたことです。そして，それは改訂後の学習指導要領でも引き継がれていることがわかります。
　また，改訂前の①～③の目標は，そのまま改訂後の学習指導要領の①～③に対応しているわけではありません。改訂前の①と③はどちらかというと改訂後の学習指導要領の①に，また，改訂前の②は新しい学習指導要領の③に溶け込んでいます。これまでもまったくなかったわけではありませんが，さらに強調された点が，②の「身近で簡単な事柄について，外国語で聞いたり話したりして自分の考えや気持ちなどを伝え合う力の素地を養う」（下線筆者）というところです。これまでは，どちらかというと「事実のやり取り」で終わることが多かったと思われます。それを，「思考力，判断力，表現力等」の観点から一歩進めたのが「自分の考えや気持ちなどを伝え合う」というこ

とです。

（2）英語の目標がより具体的，詳細に示された。

　前述したように，外国語の中で英語を選択した場合は，さらに英語の特質を踏まえて，その目標が示されています。目標は改訂前の外国語活動と比べて，より具体的，かつ詳細に示されています。指導者は，これらの目標を十分に理解し，指導計画に盛り込んでいくことが求められます。

　改訂前と比べてつけ加えられた点は「話すこと［やり取り］」です。「やり取り」のイの事項として「自分のことや身の回りの物について，動作を交えながら，自分の考えや気持ちなどを，簡単な語句や基本的な表現を用いて伝え合うようにする」（下線筆者）という記述があります。「自分の考えや気持ちを表現する」という点を，指導の際に配慮する必要があります。

（3）内容が「知識及び技能」と「思考力，判断力，表現力等」の2つで示された。

　育成される資質・能力に対応して，内容も「知識及び技能」と「思考力，判断力，表現力等」に分けて示されています。ただし，この2つは「学びに向かう力，人間性等」とともに，相まって育成される必要があることを忘れてはなりません。「知識及び技能」だけを取り出して，ほかの2つとは関係なく指導することは求められていません。また，望ましいことでもありません。なぜなら，「知識及び技能」は「思考力，判断力，表現力等」を伴って活用されて初めて意味のあるものとなるからです。また，これらの活動は自ら学習に取り組み，それを実生活に活かそうとする「学びに向かう力，人間性」などと相互に関連し合いながら育成することが必要です。

　さて「知識及び技能」として示されたものは，ほとんどが改訂前の外国語活動と同じものとなっています。「思考力，判断力，表現力等」に関しては，「相手に配慮しながら，伝え合うこと」や「自分の考えや気持ちなどが伝わるよう，工夫して質問をしたり質問に答えたりすること」とあります。前述したように，改訂前はどちらかというと「事実のやり取り」が中心でしたが，改訂後の学習指導要領においては，ただ単に「事実のやり取り」に終わらず，相手に配慮する態度や，気持ちを伝えるための工夫などが求められていることがわかります。この点に注意しながら指導にあたることが大切です。

（4）その他の配慮事項

　文部科学省が示した新教材を使った活動計画例案をみると，どの学年においても，*Hi, friends!* との関連が示されています。3年生用教材は9つのユニットから構成され

ており，ユニット6と9は，それぞれ*Hi, friends! 2*のLesson 1とLesson 7の内容と関連が深く，それ以外のユニットは*Hi, friends! 1*の内容と関連が深いことが示されています。また，4年生用教材では，9つのユニットのうち3つのユニットで*Hi, friends! 1*との関連が深く，5つのユニットでは*Hi, friends! 2*との関連が深いことが示されています。5，6年で外国語活動を担当されてきた先生方は，これを見て安心されたのではないかと思います。改訂前の外国語活動の良さを活かすことも重要ですから，関連が深くなるのは当然のことです。しかし，注意することもあります。それは，高学年と中学年では，児童の知的レベルが異なっており，他教科で学ぶ内容も異なっている点です。例えば，*Hi, friends! 2*で扱っている*Let's go to Italy.*などは，新しい教材の中学年では扱っていません。それは，世界への認識が中学年では十分に育っていないことによるものです。このように考えると，中学年の教材は*Hi, friends!*と関連はしていても，そのままの内容では児童の実態に沿わないものとなります。教材もその点を十分に配慮して作成されています。指導者も，そのことを十分に理解し，高学年で行われていた外国語活動を，そのまま中学年で行えばよいと考えてはいけません。

3. 外国語の目標と内容

　高学年の教科化された外国語についても，外国語活動と同様に，小・中・高の一貫性を重視した目標や内容がこれまで以上に明確に，かつ具体的に示されています。改訂前に高学年で行われていた外国語活動よりも，明らかに目標・内容が高度化しています。初めて高学年の外国語の学習指導要領を見る人は「難し過ぎる」と感じるかもしれません。しかし，高学年の外国語は，当然のことながら，中学年の外国語活動のあとに行われるものです。高学年からいきなり始まるのではなく，あくまでも中学年の外国語活動を踏まえたうえで実施することになります。中学年の外国語活動の目標や内容を踏まえたものであることを忘れると，「難しすぎる」という印象を持つのは当然です。

　後述するように，内容的には中学校レベルの事項が入っています。中学校レベルの内容が入っているわけですから，指導者[5]は中学校レベルの内容を指導できるように指導力を高めて指導にあたる必要があります。外国語活動を担当する教員に，中学校の英語二種免許の取得[6]が勧められている理由もそこにあります。

　改訂前の外国語活動と大きく異なる内容として「読むこと」「書くこと」があります。

5　ここでいう指導者は，学級担任が専科として指導を行う場合を想定しています。TTで授業を行う場合の担任の指導力を述べているわけではありません。
6　大学は小学校教員の中学校英語二種免許の取得を可能にする「中学校英語二種免許認定講習」を実施することが求められています。

また，新たに「英語の特徴やきまりに関する事項」が加わりました。中学校との関連をみながら，その内容についてみていきたいと思います。

（1）「読むこと」の導入

　外国語科の目標としては「読むこと，書くことに慣れ親しみ，聞くこと，読むこと，話すこと，書くことによる実際のコミュニケーションにおいて活用できる基礎的な技能を身に付けるようにする」（下線筆者）と示されています。この文章の前半を読むと「読むこと，書くこと」に関しては慣れ親しませるレベルでよいのではないか，と思ってしまいます。しかし，後半では「聞くこと，読むこと，話すこと，書くことによる実際のコミュニケーションにおいて活用できる基礎的な技能を身に付けるようにする」とあります。「慣れ親しませる」レベルでとどめてはいけないことがわかります。この目標の記述は，「読むこと，書くこと」における指導の順序性を含めた記述だと考えるとよいと思います。

　例えば，高学年の外国語では「聞くこと，話すこと」に関しては「慣れ親しむ」という表現は使っていません。それは，中学年の外国語活動で既に「慣れ親しんでいる」からです。ですから，高学年の外国語では「聞くこと，話すこと」については「活用できる基礎的な技能」を初めから身につけることを目標としています。しかし，「読むこと，書くこと」に関しては高学年から始めることになります。指導の段階としては「慣れ親しむ」から始め，そのあとに「活用できる基礎的な技能」を身につけさせることになります。ですから，「聞くこと，話すこと」と同じレベルを「読むこと，書くこと」に求めることはできません。換言すると，口頭で自己紹介ができるからといって，自己紹介文を英語で書いたり，読んだりすることができるようになることは求めていないと言えます。

　さて，英語の「読むこと」の目標や内容をみていきますが，その前に，学習指導要領の構成を再度確認しておきたいと思います。まず，外国語科の目標が示されると，その次に「各言語の目標及び内容等」が示されます。原則として，英語を選択しますので，「各言語の目標及び内容等」のところでは，英語の領域ごとの「目標」が示されています。次に，その目標を達成するために取り扱う内容が示されています。内容は大きく「知識及び技能」，「思考力，判断力，表現力等」そして「言語活動及び言語の働きに関する事項」に分かれています。目標を達成するために，取り扱う内容が示され，その内容は言語活動を通して指導されることになります。

　そこで，学習指導要領（英語）の「読むこと」の目標を見ると，「ア 活字体で書かれた文字を識別し，その読み方を理解することができるようにする」，「イ 音声で十分に慣れ親しんだ簡単な語句や基本的な表現の意味が分かるようにする」となっています。

「活字体で書かれた文字」とは何かというと，それは「内容（知識及び技能）」のところに示されており，活字体の大文字，小文字，そして終止符や疑問符，コンマなどの基本的な符号も扱うことになっていることがわかります。また，かんたんな語句や基本的な表現はというと，例えば，これも「内容（知識及び技能）」のところに，文としては単文を扱うこと，文構造としては［主語＋動詞］などを扱うことなどが示されています。また，「内容（思考力，判断力，表現力等）」をみると，「音声で十分に慣れ親しんだ簡単な語句や基本的な表現を推測しながら読んだり…」とありますので，「推測しながら読む」ことができるようにしなければなりません。実際の指導にあたっては，これらの内容は言語活動を通して行うことになります。「読むこと」の言語活動としては，例えば，「活字体で書かれた文字を見て，どの文字であるかやその文字が大文字であるか小文字であるかを識別する活動」，「活字体で書かれた文字を見て，その読み方を適切に発音する活動」，「掲示やパンフレットなどから，自分が必要とする情報を得る活動」，「絵本などの中から（基本的な語句や表現を）識別する活動」などを通して行うことになります。学習指導要領を読み解くには，このような学習指導要領の構成を理解したうえで実際の指導場面をイメージすることが大切になります。

さて，このような学習指導要領の構成を理解したうえで，再び「読むこと」の目標をみてみたいと思います。まず，「ア 活字体で書かれた文字を識別し，その読み方を発音することができるようにする」についてです。

これは活字体の大文字や小文字を識別することですから，かんたんに言うと，アルファベットの26文字の大文字と小文字が認識できるということです。また，読み方を発音できるというのは，例えば「B」という文字を見たときに，これはアルファベットの「名称読み」で/bi:/と読むことがわかり，かつ，この文字には/b/という音があることがわかるということです。外国語活動においては，「名称読み」の段階ですが，外国語においては，文字には音があることが理解できるレベルまで進めることになります。このことについては後述します。

「読むこと」のイの目標は「音声で十分に慣れ親しんだ簡単な語句や基本的な表現の意味が分かるようにする」となっています。中学年で慣れ親しんだかんたんな語句や表現ですから，例えば3年生で慣れ親しんだフルーツ（apple, orange, banana, melon, strawberry, peach, grapes, cherry など）や動物（dog, cat, cow, lion, tiger, elephant, giraffe, bird など）の単語を見て，その意味がわかるレベルを指しています。つまり，banana という文字を見たときに，児童が「これはバナナという意味の単語なのだ」と認識できることを指します。また，banana の b は /b/ という音があることを認識できた段階で，音声で十分に慣れ親しんでいる bird という単語を見たときに同じ b なので /b/ という音で始まる単語であることがわかり，それを根拠にして bird という単語の発音を推測

1 新学習指導要領を読み解く

して発音し，その意味である「鳥」に辿り着くということになります。

注意することは，中学校が「発音と綴り」の指導であることに対し，小学校の外国語では，「発音と綴り」の関係ではなく，「文字と音」との関連にとどめるということです。したがって音声で触れていない単語の綴りを見て，その単語の発音ができるようになるところまでは求めていません。

また，言語活動としては「ウ 日常生活に関する身近で簡単な事柄を内容とする掲示やパンフレットなどから，自分が必要とする情報を得る活動」と示されています。これは，例えば，レストランのメニューの中から，apple juice や ice cream 等，自分が好きな語句を識別できることなどを指しています。そして，それが，目標にも示されている「実際のコミュニケーションにおいて活用できる基礎的な技能」になります。ただし，メニューの中に書かれていることをすべて認識できるところまでは求めていません。それを求めることになると，児童は自分にとっては興味も関心もない単語まで覚えなければならないことになります。それは児童にとって負担が大き過ぎます。

また，言語活動として「エ 音声で十分に慣れ親しんだ簡単な語句や基本的な表現を，絵本などの中から識別する活動」が示されています。読み聞かせなどで絵本を使うことが多いと思います。文字の入った絵本を読んでいるうちに，dog や cat などが出てきたときに，児童が「dog! cat!」と声に出して読んだりする状況をイメージするとわかりやすいと思います。

（2）「書くこと」の導入

「書くこと」についても，「読むこと」と同様に，学習指導要領の構成を理解したうえで，「外国語の目標」，「英語の目標」，「内容」，「言語活動」と関連付けながら学習指導要領を読んでいくことが大切です。

外国語の「書くこと」に関連する目標を抜き出してみると，「知識及び技能」に関わる目標として「読むこと，書くことに慣れ親しみ，聞くこと，読むこと，話すこと，書くことによる実際のコミュニケーションにおいて活用できる基礎的な技能を身に付けるようにする」とあります。ここは，「読むこと」のところで解説したとおり，慣れ親しむというレベルから始めて，最終的には実際のコミュニケーションにおいて活用するレベルまで到達することが求められています。具体的な活用レベルについては後述します。

また，「思考力，判断力，表現力等」の育成に関わる目標として「語順を意識しながら書いたりして，自分の考えや気持ちなどを伝え合うことができる基礎的な力を養う」となっています。ここについても，詳しくは後述します。

英語の具体的な領域ごとの目標としては，前述した外国語の目標を踏まえ，「ア 大

文字，小文字を活字体で書くことができるようにする。また，語順を意識しながら音声で十分に慣れ親しんだ簡単な語句や基本的な表現を書き写すことができるようにする」と「イ 自分のことや身近で簡単な事柄について，例文を参考に，音声で十分に慣れ親しんだ簡単な語句や基本的な表現を用いて書くことができるようにする」と示されています。

　さて，領域ごとの目標について，少し詳しくみていきたいと思います。まず，アの「大文字，小文字を活字体で書くことができるようにする」についてです。児童は中学年においても文字に触れる機会を多く持ってきています。また，最近では，英語の絵とそれを表す文字などを一緒に教室や階段などに掲示している学校も増えてきています。町でも英語の文字を多く見かけます。しかし，だからといって，文字は自然に習得できるわけではありません。母語においても，音声は自然に習得していきますが，文字は学習を通してしか習得されません。例えば，韓国の町で，韓国語の文字（ハングル文字）を何度見ても読めるようにはなりません。韓国語の文字の「仕組み」を理解し，組み合わせのルールを覚えなければ，音声化することも，意味を理解することもできないのです。ですから，文字については，見慣れているからといって過度の期待はしないことが大切です。四線の引かれたノートなどを使って，大文字および小文字を正しく書けるように学習することが求められています。

　大文字と小文字のどちらを先に指導するべきかについては，指導法に関する事項ですので，当然，学習指導要領は何も述べていません。しかし，児童の負担を考えると大文字のほうを先に導入したほうがよいと思われます。それは大文字のほうが文字の特徴がはっきりしていて，見分けがつきやすいと考えられるからです。例えば，小文字の場合は，gとq，hとn，nとm，bとd，など似たような形も多くみられます。また小文字は g, j, p, q, yのように基準線よりも文字の一部が下になるものもあります。逆に，大文字の場合は見分けの難しい文字はほとんどありません。ですから，初めて文字を学習する児童にとっては大文字のほうが認識しやすいのではないかと思われます。また，文字を書く段階においても，大文字は直線が多く，曲線よりも直線のほうが児童にとっては書きやすいとも言われています。このように，文字を識別したり，書きやすさという点でみると，やはり大文字を先に導入するほうがよいのではないかと思われます。ちなみに，文部科学省の作成した新教材の5年生では大文字が先に導入され，小文字があとになっています。

　次に，アの「語順を意識しながら音声で十分に慣れ親しんだ簡単な語句や基本的な表現を書き写すことができるようにする」について考えてみたいと思います。「語順を意識しながら書く」というのは，「知識及び技能」のような印象を持ちますが，外国語科では「思考力，判断力，表現力等」と捉えています。小学校の国語（5年・6年）で

1 新学習指導要領を読み解く

は,「文の中での語句の係り方や語順,文と文との接続の関係,話や文章の構成や展開,話や文章の種類とその特徴について理解すること」(下線筆者)という記述がありますが,これは「知識及び技能」として扱われています。また,「筋道の通った文章となるように,文章全体の構成や展開を考えること」(下線筆者)という記述がありますが,これは「思考力,判断力,表現力等」として取り扱っています。国語科においては,「語順」については「知識及び技能」として取り扱い,「文と文の接続」や「文章全体の構成」などについては,「知識及び技能」と「思考力,判断力,表現力等」の両方でとらえています。「知識及び技能」と「思考力,判断力,表現力等」を明確に区別することが難しいことがわかります。

一方,外国語科においては,「語順」を含め,「文と文のつながり」については「思考力,判断力,表現力等」として一括してとらえています。英語と日本語では語順のルールが大きく異なっており,日本語との対比でとらえたり,どのように語を配列したりすればよいかなどを考えながら文を作っていくことを考えると,明確に区別することは難しいことを踏まえたうえで,「思考力,判断力,表現力等」のほうにウエイトを置いて取り扱うことが適当と考えたものと思われます。

さて,「語順を意識しながら」というのは,英語と日本語では基本的な文構造において語順が異なるからです。「私はリンゴが好きです」という日本語は英語にすると,I like apples. となります。I apples like. とは決して言わないのです。このようなことは,語句レベルでも起こります。中学生でも,「机の上の本」という場合に,a desk on the book という言い方をする生徒がときどきみられます。これでは意味がまったく逆になってしまい,「本の上の机」になってしまいます。ですから,文や語句を書き写す活動を通して,語順を意識させることが大切となります。そのことはただ単に書く力をつけるだけでなく,英語の基本的な語句や構造に気づくことを促していきます。

「書くこと」に関するアでは「大文字,小文字を活字体で書くことができるようにする。また,語順を意識しながら音声で十分に慣れ親しんだ簡単な語句や表現を書き写すことができるようにする」ここで注意することは,「音声で十分に慣れ親しんだ基本的な表現を書き写す」(下線筆者)です。例えば,「語句を書き写す」という場合は,black cat という単語を,活動を通して十分に意味がわかるようになり,発音もできるようになったところで,その文字を見ながら書き写すことになります。また,「基本的な表現を」という場合には,語句を一歩進めて文を書き写すことになります。例えば,自己紹介においてI like baseball. という表現に十分慣れ親しみ,発音もできるようになった段階で,I like baseball. と語と語の区切りに注意しながら書き写すことができることを述べています。日本語は句読点以外の所では語を続けて書くのに対し,英語では日本語の書き方と違って語と語の間に一文字を空けるという違いがありますから,

そのことにも十分に配慮して「書く」指導を行う必要があります。

「書くこと」に関するイでは，自分のことや身近で簡単な事柄について，例文を参考に，音声で十分に慣れ親しんだ簡単な語句や基本的な表現を用いて書くことができるようにする」となっています。ここで注意することは「書き写す」ではなく「書くことができるようにする」という点です。これは，英語で書かれた文や文章の一部を，自分が表現したい内容のものに置き換えて書くことができるようになることを示しています。例えば，What do you want for Christmas? に対して，I want a bicycle. の文を参考にしながら，I want a tennis racket. という文が書けるようになることを目指しています。児童は，a tennis racket という語彙を指導者が示した語彙リストの中から選んで書くことになるかもしれませんし，ひょっとしたら，自分が本当に欲しいものであるだけに，自分で書けるようになっているかもしれません。また，語彙リストにはなく，児童が必要な語彙が書けない場合は，指導者が個別に書きたい語句を提示するなどを行う必要があります。児童の「書きたい」という気持に柔軟に対応することが大切です。

(3) 英語の特徴やきまりに関する事項

教科化された外国語においては，「英語の特徴やきまりに関する事項」が示されました。ここを読むと，中学校の内容が小学校の外国語に下りてきていることがわかります。教科化された外国語を指導するにあたっては，これまでの外国語活動の知識に加えて，「英語の特徴やきまりに関する事項」に示されたことについて指導者が知っていなければなりません。

「英語の特徴やきまりに関する事項」とは，語彙や文法，そして音声に関する事項のことです。指導上注意する点は，これらの「英語の特徴やきまりに関する事項」は言語活動と効果的に関連づけ，実際のコミュニケーションにおいて活用できる技能として身につけさせるようにすることです。換言すると，「英語の特徴やきまりに関する事項」を言語活動と切り離して個別に指導することは避けるということです。

さて，ここでは「英語の特徴やきまりに関する事項」の中からアの「音声」に絞って解説していきたいと思います。アの「音声」については，そのすべてが現行中学校学習指導要領（外国語編）と重なっています。アの「音声」に関する事項で「(ア) 現代の標準的な発音」，「(イ) 語と語の連結による音の変化」，「(ウ) 語や句，文における基本的な強勢」について，少し詳しくみていきましょう。

(ア) 現代の標準的な発音

「標準的な発音」とは具体的に何かと問われると，答えるのはなかなか難しいところがあります。なぜかというと，英語は世界中で日常的なコミュニケーションの手段と

して広く使われている反面，発音や用法などの面では多様性に富んでいる言語だからです。しかし，だからといって，音声モデルを決めなくてもよいというわけにはいきません。そこで，指導する音声を選択する基準としては，特定の地域やグループの人々の発音に偏ったりしないこと，また，学習者が最も多く触れることになる英語の発音をモデルとして選ぶ，ということでよいのではないかと思います。

（イ）　語と語の連結による音の変化

「語と語の連結による音の変化」と言われても，何のことなのか，よくわからないという先生も多いかもしれません。しかし，これを知識として知っていると英語の聞き取りにも大いに役立ちます。小学校外国語を担当する指導者にはぜひ理解して指導に取り入れてほしいと思います。

「語と語の連結による音の変化」とは，具体的には，例えばan appleなどのように2語が連結されたりする場合，また，What timeのように前の語の最後の文字と，それに続く語の最初の文字が重なるときに音が一部脱落する場合，さらに，Would youのように前の単語の最後の音と，うしろの単語の前の音が一緒になって影響し合う場合などがあります。

小学校外国語の場合は文字に関しては「音と綴りの関係」までは扱わないことから，音の変化の規則性を説明して指導するというよりは，指導者がそのルールを知っておき，音の変化を知っていることで学習者が英語をより理解しやすくなると思われる場面で，実際に発音して聞かせるなどして指導していくことが大切です。

（ウ）　語や句, 文における基本的な強勢

この指導事項についても，改訂前の外国語活動では指導者が意識して指導することはほとんどありませんでした。しかし，英語らしく発音するにはとても大切な事項です。発音と同様，指導者が知識としてしっかりと理解し，コミュニケーションの場面で，具体的に例を示しながら児童に気づかせていくことが大切です。

基本的な強勢の中で，まず，語の場合を考えてみましょう。日本語は高低でアクセントをつけますが，英語では強勢（強弱）でアクセントをつけます。例えば，日本語の「端（はし）」と「箸（はし）」を区別するものは「は」の音の「高低」です。英語の場合は，desert（砂漠）とdesert（捨てる）を区別するのは，強弱のアクセントになります。dés/ert（砂漠）の場合は前の方にアクセントがあり，de/sért（捨てる）の場合はうしろにアクセントがあります。ちなみに食後のデザート（dessert）は綴りのsが1つ多く入ります。発音はdes/sértとうしろのほうにあります。もし，前のほうにアクセントをつけると聞く活動においては「砂漠」と勘違いされてしまいます。英語の単語はほ

ぼすべての単語にアクセントがありますから，それが英語のリズムを作っています。

次に句における強勢をみていきましょう。英語には一般的に内容語は強く読まれますが，前置詞（in, on, underなど）などの機能語は強く読まれることはめったにありません。例えばin the bagのような場合は，bagが内容語ですから，bagが強く読まれることになります。

文の場合は，基本的に文の中で重要な語に強勢が置かれます。例えば，「私は（猫ではなく）犬が好き」という場合は，dogsに強勢が置かれ，I like dógs. というようになります。What spórt do you like? は，食べ物ではなく，どのスポーツが好きですかという意味ですから，その場合はsportに強勢が置かれます。その質問に対する答えとしてのI like básketball. という場合は，当然，basketballに強勢が置かれます。

これらの事項は，これまで中学校の英語科で扱ってきましたが，今回の改訂により，小学校外国語で扱うことになっています。しかし，そうはいっても，あくまでも初歩段階であることに注意する必要があります。「英語の特徴やきまり」を説明をするのではなく，コミュニケーション活動を通して理解させることが大切です。

4. おわりに

小学校の教科化については学習指導要領の公示前から，さまざまな情報が飛び交いました。新聞では「小5から文法」「小学校に不安広がる」の見出しも出ました。何事においてもそうですが，確かな情報が得られないときは不安になるものです。不安を解消するためには，実際の中身はどうなのかを十分に理解する以外はありません。中身を知ったうえで，対処することが大切です。

また，小学校中学年への外国語活動の前倒しは，そのまま前倒しということではありません。同じように高学年での教科化についても，中学校の内容をそのまま前倒しするものではありません。これまでとどこがどのように違うかを十分に理解することが，学習指導要領の趣旨を活かす指導につながるのです。

（大城　賢）

小学校外国語活動・外国語：
これからの授業の展望

　本章では，新学習指導要領の改訂に伴って求められる小学校外国語活動および外国語の授業のあり方について，方向性と留意点について述べたいと思います。

1. 主体的・能動的学習（アクティブ・ラーニング）

　小学校で英語がいよいよ教科として教えられることになり，日本の子どもはみな英語に親しみ，学ぶこととなります。外国人がほとんど来ない町なのに，英語を日常的に使う仕事に就くとは限らないのに，なぜ英語なのかという問いを抱く方もいるでしょう。しかし，10年，20年後に，子どもたちを取り巻く社会・世界がどのようになっているか予測がつきにくい時代になってきています。世界の動き，国内の動き，急速な技術革新の流れがきわめて速くなっているからです。どの子も英語を学ぶ意味は，そうした将来に備えられるようにという意味があると思います。

　どの子も英語を学ぶもう1つの意味は，これからの時代に生きていく子どもたちに，英語という外国語を学ぶことで，ことばを通じてどのような人ともつながることができるという信念や，広い世界への好奇心や想像力を持って物事を広く多面的に考えることができる力を育てることです。小学校で外国語を通じてこれらの力をつけることは，どこに住むことになろうと，どのような仕事に就こうとも，子どもたちのこれからの人生を豊かにし，広げていくきっかけを与えることにつながると思います。

　そうした外国語を学ぶ意味を考えると，新学習指導要領が「主体的・対話的で深い学び」という方向性を示しているように，どの子も自分から英語を学び，使うなかで，ことばを通じて人とつながる喜びを感じながら，将来にわたって学び続けていける力を，外国語活動・外国語で身につけられるようにしたいものです。

2. 目標における3つの観点について

　新学習指導要領では，どの教科にも（1）「知識及び技能」，（2）「思考力，判断力，表現力等」，（3）「学びに向かう力，人間性等」の3観点が設定され，指導および評価がそれらを目指して行われることになります。

　「知識及び技能」については，従来の外国語活動とは異なり，明確に習得されるべき言語材料や技能等が示されました。とりわけ重要なのは，そうした言語材料と技能を単に教え込んで定着させればそれでよいというわけではないということです。外国語科の目標（1）にあるように，それらの言語材料や技能を，授業を通して「実際のコ

ミュニケーションにおいて活用できる」ようにすることが大切なのです。「複数形は，名詞のうしろにsをつけます」など説明が主体になった指導や，機械的な練習で終始するような指導は避けるべきです。つまり，小学校英語は決して「覚えるだけ」の英語教育で終わるべきではありません。教師は，「覚えたこと」を「わかること，伝わること」につなげていく意識が必要なのです。あるいは逆に，「わかること，伝わること」を通じて，「覚えていく」ということが大切なのです。

　次に目標の（2）「思考力，判断力，表現力等」について，学習指導要領解説では，以下のような4つの学習過程が想定されています。

　①設定されたコミュニケーションの目的や場面，状況等を理解する
　②目的に応じて情報や意見などを発信するまでの方向性を決定し，コミュニケーションの見通しを立てる
　③目的達成のため，具体的なコミュニケーションを行う
　④言語面・内容面で自ら学習のまとめと振り返りを行う

　①や②は，例えば，ALTに自分の住んでいる町を紹介する際に，どのようなことに興味を持ちそうかなと考えたり，友だちと日曜日に一緒に遊ぶことを相手に提案する際に，友だちが好きなサッカーがいいかな，と相手の好みを推しはかったりすること，などが考えられます。また相手にわかりやすい内容を選んだり，場面に応じた表現を考えたりして，実際にコミュニケーションを行うことが含まれるでしょう。その際上記の「知識及び技能」で述べたように，既習の表現を思い出し，ここで使えそうだと判断して，コミュニケーションに活用できることが大切です。

　④は，従来から行われているように，自らの学びを省みて，一歩離れて自分を見ることです。注意すべきは，「内容面」だけでなく「言語面」に関わる振り返りも示されているということです。何らかの考えや感じ方を伝え合うコミュニケーション活動の中で，既習の言語材料が役立ったかどうか，何が足りなかったかを考え，振り返ることは，単語や表現を学ぶ意味を考えるよい機会になるでしょう。そうした振り返りにより，「知識及び技能」と「活用」の有機的つながりが意識され，「思考力，判断力，表現力等」を高めることに貢献すると思われます。

　目標（2）の「思考力，判断力，表現力等」に関しては，「音声で十分に慣れ親しんだ外国語の語彙や基本的な表現を推測しながら読んだり」することが示されています。「推測しながら読んだり」するとは，単語を構成する文字群を見て，音にしてみることであり，いわゆる音読の力です。その力をつけるために絶対的に必要なことは，まずは何度も聞いたり話したりして音声に十分慣れ親しんでいることであり，そのことをおろそかにした音読は意味がありません。また一方で大切なのは，音と文字を結びつける指導も必要になってきます。アルファベットが示す音の知識など，文字から音を

想起するボトムアップ的な力を,「事例」を通して,意図的あるいは偶発的に指導していくことを重ねる必要があるでしょう。ただし英語には,ボトムアップ的な処理で分析しがたい綴りの単語もあり（are, you, Wednesday, February など）,語頭の文字や単語の形全体を手がかりにするなどしつつも,場面や状況,絵などの手がかりを与えながら判断させて,「あ,あの単語かな」と音にできるような,トップダウン的な力も指導していくことも必要でしょう。

目標（2）の「思考力,判断力,表現力等」には,「語順を意識して書く」とありますが,これは書き写す活動を通じて,決まった語順があることに気づく程度のことが想定されています。中学校で行われるようにモデル文なしで文を書くような英作文の力ではなく,あくまで書き写す中で,単語がどのような順番で並んでいるか,文字で可視化された単語を見て意識できればよいと思われます。

なお,ここで述べた,文字で書かれた単語や文を推測しながら音にできることや語順を意識して書くことは,単独に訓練して終わりとすべきものではなく,何らかの形で「自分の考えや気持ちなどを伝え合う」ことにつながっていくものであることもぜひ意識したいものです。

なお最後につけ加えておきたいことは,目標（2）の「思考力・判断力・表現力等」には「自分の考えや気持ちなどを伝え合うことができる基礎的な力を養う」という記述があるように,思考・判断の結果として,英語を使って情報を伝え合うことが想定されているということです。

小学校外国語活動・外国語において目指すコミュニケーションは,セリフを互いに言い合うのではなく,何らかの思考や判断の結果として,身近なことについて,相手に「情報」を伝え合うということが欠かせません。自分が知らない相手の情報,相手が知らない自分の情報があることで,伝え合いの必要性や喜びが生まれてきます。最近のコミュニカティブな指導方法も,情報の格差を軸にしたやりとり,言語形式よりも伝達内容への注意を重視し,伝達したいという一種の「渇き」を引き出し,言語形式の習得も促すという考え方です。言語形式を含む「知識及び技能」の習得はもちろん目指すものの,それらを活用して思考や判断を通して生まれる内容・情報を表現することの大切さはこれからも変わらないでしょう。

「言いたい」,「聞きたい」という気持ちの高まりを大切にするという指導観は,これまでわが国の小学校外国語活動で多くの先生が共有してきた点ではないでしょうか。例えば「今日は友だちについて何がわかったか？」という振り返りが外国語活動ではよく行われますが,これは伝達形式や方法に慣れ親しむ中で,むしろ伝達内容を大切にしてきた,1つの現れであると思います。小学校英語が,一種,中高の英語教育をも変え得る力となってきたのは,そのように伝達形式や方法よりも「内容」を前面に押し

出して授業づくりをしてきたからではないかと思われます。そもそも，口慣らしに終始するような唱え型の英語教育だけでは，子どもたちの動機付けは高まらず，将来への活用の可能性や意欲も感じにくくなるのではないかと思います。

　目標（3）の「学びに向かう力，人間性等」は，外国語の場合，「外国語の背景にある文化に対する理解を深め，他者に配慮しながら，主体的に外国語を用いてコミュニケーションを図ろうとする態度を養う」となっています。まず「外国語の背景にある文化への理解」を深めることに関しては，そもそも英語を使う際には，日本語で当たり前と思っていることを白紙にして，その裏にある文化の違いを意識することが大切です。例えば，「カメ」は英語では，海ガメ（turtle）と陸ガメ（tortoise）に区別したり，逆に rice は日本語で「米」と「ご飯」に区別することなど，語彙の違いは文化の違いを意識できる興味深い素材です。また，日本語では「田中先生」と言いますが，英語ではTanaka　teacher とは言わずに Mr. Tanaka や Ms. Tanaka と呼ぶことなど，教室でのコミュニケーションで役立つ文化的背景もあります。家族紹介で兄弟を紹介する場合，英語では姉や妹，兄や弟を区別せず，sister や brother で表現することが多いのも興味深いことでしょう。授業で扱う題材やコミュニケーション活動に関連した文化的背景を折に触れ紹介することは，子どもの英語および英語によるコミュニケーションへの興味を高め，自ら学びたいという気持ちを高めることにつながります。

　「他者に配慮しながら」という点も，身近な人たちや異文化の人々とコミュニケーションするうえできわめて重要です。他者の文化的背景を理解すること，また伝達場面において，相手の理解度に配慮しつつ伝える工夫をし，共感する感性を育てることは，外国語教育において，人間教育にもつながる大切な視点です。バイリンガルの子どもは，モノリンガルの子どもに比べて，「他者のコミュニケーション・ニーズ」に敏感になる傾向があると言われています（中島1998:201）。小学校英語教育は，バイリンガルになれるほどの環境は与えられませんが，少なくとも他者と伝え合い，わかり合う努力の大切さや喜び，難しさを体験的に感じさせる要素を持っており，子どもの成長にとって，他教科にない意味があると思います。誰とでも通じ合えるという自信を持った子どもは，将来にわたって，自ら他者と関わることを通して学び続ける人間になっていくことでしょう。

3．小学校外国語科における「文及び文構造」の扱い

　新学習指導要領では，「文及び文構造」について，各種の文（平叙文・命令文・疑問文）や he, she などの代名詞，went, ate, saw などの過去形，文構造（主語・動詞・目的語）など，指導すべき事項が示されました。小学校外国語科において，こうした「文及

び文構造」について，どのように扱ったらよいのでしょうか。

　英語を教えていくと，子どもたちの口から，「たくさんあるときは，ズって言うんだよ」とか「プレイのあとはスポーツの名前を入れるといいんだよ」といった気づきが聞かれることがあります。高学年では「なぜかな」「きまりがあるかも」などの自発的な気づきや問いも自ずと現れてきます。また高学年の授業では，ときどき，教師が子どもに発問すると，子どもたちがじーっと静かに考える，密度の濃い瞬間が見られることがあります。ゲームやくり返し練習だけでは不満足になりがちな高学年の子どもは，徐々に思考を働かせることも好むようになります。

　もちろん英語には，なかなか自分では気づかない規則もあり，一般に何らかの形で規則を意識させることは決して無駄ではありません（Hulstijn & Schmidt 1994）。しかし，新学習指導要領が，「文及び文構造」に関係して「文法の用語や用法の指導に偏ることがないよう配慮」すべきであると示しているように，小学校段階で教師がどの程度までことばの決まりについての気づきを深めるか，

明示的に教えるべきかどうかは，中学校英語を先取りしすぎないという意味で，慎重に対応すべきことです。小学校児童の場合，認知発達的な制約から規則を明示的に教えても，言語運用に利用することには限界があり，また文法について細かく説明する必要もあまりありません。

　子どもにとって，文構造や文法など言語形式に関わる習得は，おしなべて大人よりも表現を「まるごと」覚えて，文法も「なんとなくこうかな」という感覚で暗黙的に習得される傾向があります（柏木 2011:66-67）。例えば，"What color do you like?" という表現は，子どもの頭の中ではどうなっているのでしょうか。場面の中で，音声を中心としてことばをまるごと捉える子どもたちは，次のようにいろいろな様態で記憶していると思われます。

```
1）ワッカラデューライク
2）ワッカラ／デューライク
3）ワッカラ／デュー／ライク注1
```

　1）は，文を1つのかたまりで覚えており，まったく未分析です。2）は文が2つに分かれることがわかり，少し理解が進んでいます。3）は文が3つに分かれると

注1．英語の音のかたまりがわかりやすいようにカタカナで表記していますが，授業で児童への指導をする場合には，カタカナの利用は慎重さが必要です。

理解し，さらに分析が進みます。

　こうした習得のプロセスは，大人からすると，とてもいい加減に見えてしまいます。そのため教師は，とかく「whatの意味は何？」「likeの意味はね…」など，細かく説明したくなります。しかし子どもにとって，まずはコミュニケーションという目的を果たすことが先決で，その際，文をまるごと覚えて使うことはとても楽なのです。外国語学習の初期段階では，分析的な教え方によって言語的な操作や正確さばかりに気をとられないように，まずは文脈の中で覚えた文をまるごと使って伝わったという実感を優先するべきです（アレン2010:16）。

　ただ，こうしたまるごと覚えは，中学校段階になってくると，徐々に限界も現れてきます。例えば，いつも人に聞くときには，「デュー（Do you）」ばかりでしょうか。「あの人はどうなんだろう」というときは，もうデューではなく，「ダズヒー（Does he）」や「ダズシー（Does she）」になります。また過去のことになると，「デュー」ではなく「ディジュー（Did you）」になります。こうした疑問文の形の変化を，すべてかたまりで覚えていると，なかなか大変です。しかし，一見ばらばらに見える表現も，背景にある文法の規則を意識できれば，徐々に運用は楽になっていき，1つ上のステージに上がることができます（板垣・鈴木2011）。そうした1つ上の段階の言語運用へは，やはり文字や文法の仕組みへの気づきがなければ，進みにくいでしょう。

　ただし，そうした文法の仕組みをはっきり意識するのは，中学校でのことです。小学校では文法的な操作を複雑にしないように，一定のパターンだけで対応できるようになるべく用法を絞り，表現内容も範囲を狭めて設定しています。小学校段階での言語形式や文法への意識のさせ方は，たくさん聞かせたり，話させたりして何度も英語表現に触れる中から気づきが生まれ，あくまで「なんとなくこうではないか」「きっとこうかもしれない」という興味を高めておく程度でよいと思われます。小学校段階では，文構造や文法の明示的な指導は，中学校ほどには意識的に行う必要はありません。以下のように2つのことを通して，文構造や文法への気づきは，自然に身についていくものであると考えられるからです。つまり，小学校段階では，場面の中で音声としていろいろな文のパターンを使うことと，また今後少しずつ増えていく読み書きの指導の2つを通して，文構造や文法は「暗黙的に」学ばれていくものと思われます。

1）音声練習での「入れ替え」による文構造の意識

　「ワッカラ／デュー／ライク（What color do you like?）」と，かたまりとして認識されていた音のつながりは，少しずつ分析されていきます。例えば，教師が「じゃあ今度は色ではなくて，どんな動物が好きか聞いてみよう」と単語を入れ替えて練習する段階になると，子どもたちは「ワッカラ」の「カラ（color）」を「アニマル（animal）」に入

れ替えればよいことを知るのです。このような入れ替えによって，文の構造が見えてきます。そして，文のどこに，どのような単語を入れ替えるべきかわかってくると，文構造や語順が意識されることになります。

2）文字による意識化

　文字の役割は，文構造の意識において，とても大きいと思われます。以下のように，かたまりとしてしか認識していなかった文が，文字に書くと区切れのある単語として明確に分かれて見えてきます。

> 音声：ワッカラデューライク
> 文字：What color do you like?

　このように文字にして目で見ると，子どもはいろいろなことがわかるでしょう。2つか3つのかたまりだと思っていたものが，実は，5語から成り立っているのだということや，「ワッカラと言っているのはWhat colorのことなのか」とか，「デューはdo youなんだ」など，新鮮な発見があるでしょう。単語に分かれているとわかれば，どこを入れ替えるとどんな意味になるのかや，どの語を変化させるのかが，細かく意識できるようになり，英語学習の次の段階へのきっかけとなってきます。こうした文構造の認識を，音声だけで認識し，記憶にとどめておくのはきわめて難しく，中学校に向けて文字の役割は次第に大きくなっていきます。

　こう書いてきますと，先生方の中には，「よしこれからはどんどん板書してやろう」と思われる方もいるかもしれませんが，とても大切なことは，「文字提示を先行させない」ということです。中学校では，よく黒板に英文を先に書いて，それを読ませながら対話活動をすることが多いと思います。しかし小学校では実際の場面や絵があって，音声で聞いたり，言ったりすることを優先させるべきです。文字提示は，たっぷり音だけで聞く，話すことに慣れてから示すようにして，子どもが「ああ，さっき言っていた，あの文ね」とか，「そうか書くとこうなるんだ」と思わせることが，たいへん重要です。

　最後に，「文及び文構造」について2つ述べたいと思います。

　1つは，教師が「教え込みすぎない」ことです。せっかく自分で気づいたことを，教師が横取りして，ときに文法用語まで使って，全部説明してしまうことは避けるべきでしょう。子どもは，自分で気づいたものであると感じているときこそ，気づきを宝物のように心の中にしまい込むのではないでしょうか。「よく気がついたね」「どういうときにつくのだろうね」「中学校で学べるといいね」などのことばかけをして，深入

りせずにことばの仕組みに対する興味を育てる意識が必要です。小学校段階では，疑問をかんたんに解決しすぎず，しかし無視することもせず，大切に取り上げ，将来のより本格的な英語学習に向けて興味を保ち「問い続ける心」を育てる必要があるのではないでしょうか。

　もう1つは，子どもたちの間違いを正しすぎないことです。教科化に伴い英語の定着も意識する必要がありますが，教師は時に「正確さ」を徹底したくなり，子どもに間違えてはいけないという恐れを抱かせることがあります。小学校時代にそうしたコミュニケーションへの恐れを植えつけることは，最も望ましくないことです。あくまで教師は正しい文をインプットし，徐々に正確さを上げる意識は持ちつつも，子どもの発話については伝われば受け止める姿勢を貫き，表現の正確さについては寛容に対応したいものです。

4．音声指導と文字指導

　音声指導と文字指導について，これまでの外国語活動での授業の傾向を踏まえ，かつ新学習指導要領の方向性も勘案すると，外国語科については，いくつか授業づくりについて留意すべき点をあげることができます。

1）「いきなり話させる」授業

　まず従来の外国語活動では，伝え合いの活動を体験することが中心であるため，事前の使用表現の習得が不十分な傾向がありました。つまり「いきなり話す」活動に至る授業になりがちだったのです。そのために児童は，不安になり，単語で伝えたり，日本語に頼ることになってしまいます。話せない原因は，文の長さや伝達内容が高度であるためである可能性もありますが，出口の話す活動の前にじっくり表現を聞いて記憶したり，使用表現を実際の場面で話者の立場に立って練習するなどのていねいな指導過程が組まれていないことが原因であることが多いと思われます。

　あわせて，受信から発信という視点からすると，今後は授業づくりも受信から発信に移るという順次性が重要になってきます（指導要領3．（2）のア）。例えば音声指導の授業で事前に十分に「聞く活動」を行っているでしょうか。いきなり話すのではなく，十分に英語を聞いて，必要な語彙や表現を，多様な場面でじっくりと心の中で反芻したり記銘したりする助走を大切にした授業づくりを心がけたいものです。つまり，「聞いて体を動かす」「聞いて絵を選ぶ」「聞いて絵を描く」などの活動をまず行い，負荷の高い話す活動に一足飛びに移らないようにすることが重要です。これからの小学校英語では，授業を構成する活動や練習がどの「技能」を教えようとするものなのかを，

これまで以上に意識して，無理なく積み上げていく授業構成を考えるべきでしょう。

新学習指導要領により，外国語は教科となり，教えるべき言語材料も明示され，語彙も増えることになります。単元の後半では，場合によって，長い文や多くの語彙を再生したり，やりとり回数が多くなってしまうこともあるかもしれません。話す活動の際に，児童にかかる負荷の度合いを敏感に察知し，授業過程を調整したり，表現を単純化する配慮をすることを心がけるべきです。小学校の先生方の専門性は，児童に合わせて教育内容・方法を調整するきめ細かさや柔軟さにあります。ぜひそうした専門性を発揮し，どの子も不安なく話す活動に参加できるよう，順次性や段階性を意識した英語の授業づくりを目指していただきたいと思います。

2）「いきなり書かせる・読ませる」授業

最近は「いきなり話させる」授業だけでなく，「いきなり書かせる」授業も散見されるようになってきました。新学習指導要領における「書くこと」の目標は「慣れ親しみ」レベルに抑えられ，「例文を参考に」「書き写す」など，かなり抑制的な指導が示されています。

また「いきなり読ませる」授業もよく見られます。子どもたちが音声でまだ知らないであろう単語を文字で提示する例さえあります。新学習指導要領の「読むこと」の目標が「音声で十分に慣れ親しんだ簡単な語句や基本的な表現の意味が分かるようにする」となっていることに注意したいものです。絵カードに文字を添えるなど，徐々に環境的に文字を添えながら，聞かせたり，言わせたりすることや，音を聞いて文字を指でなぞったり，文字カードを選んだり，文字カードを見て音にするなど，少しずつ文字を見て音と結びつける力を育てていく必要があります。

「いきなり読ませる」，「いきなり書かせる」指導が多くなりつつある背景には，多くの先生にとって，英語を教える際に文字で提示することは，とても楽であるからであると思われます。なぜならば，大人の私たちにとって，文字を通じて学ぶことは，中学・高校で慣れ親しんできた学習方法であり，文字偏重の英語教育が身に染みついているからです。多くの先生は，音声だけで英語を学ぶということがどのようなことなのか，まだあまりイメージしにくいのではないかと思われます。これまで，外国語活動では，文字は音声活動の補助として位置づけられており，文字を出すことは禁止であるような意識もあったかと思います。それは，文字で学んできた世代の先生方にとってみると，かなり厳しい要求であったかと思います。しかし，教科となった外国語に文字が導入されたからといって文字指導を先行させすぎる指導方法は，中学校以降の

英語教育を前倒しすることにもなりかねません。
　性急な読み・書きの活動をさせて，意欲をなくす児童が出てしまわないように，ぜひ授業において，読み書きへのステップとして，
　１）音だけでやりとりできるよう語句や表現を習熟させる
　２）音から文字へ転移させる練習をする
　　　「音を聞いて文字の単語を選ぶ」
　　　「文字の単語を見て絵を選ぶ・動作する」
　　　「音を聞いて単語や文をなぞる」
　　　「読んで音にする」など
を十分に行うべきです。小学校では１）を最も重視すべきであり，その前提を受けて，２）をていねいに積み重ねることがたいへん重要です。文字を使った指導は，音声から文字への転移や言語形式への気づきや定着を促すうえで大きな役割がありますが，音声だけで意味をやりとりする力の育成をおろそかにして，読み書きへ性急にシフトすると，多くの英語が苦手な児童を生むことになります。
　ちなみに小学校で，文字よりも音声を優先させる理由の１つが，音声でやりとりしている限りは間違いがあらわになりませんが，文字で書くようになると誤りが目立つようになるからということも意識すべきでしょう（中村2011:35）。

　おわりに，文字を使った指導についてつけ加えておきたいのは，授業の出口の話す活動における板書やワークシートの扱いです。最近，板書やスクリプトを見ないと発表できないという「文字依存」した発表活動をときどき見かけます。コミュニケーション活動は，本来相手の目を見てやりとりするものなのではないでしょうか。いつも文字がないと話せないのでは，コミュニケーションではなく，「読みニケーション」です。まだ十分に話せない状態で「書いたものを読んで話す」活動が多いことが，日本の英語教育が話せない学習者を作り続けてきた一因であると思われます。発表のための手がかりとしての文字や，発表に至る情報整理や準備のための文字の役割を排除すべきということではありません。文字がなくとも話せる程度に授業で，事前の音声への慣れ親しみ，発表での支援方法を十分に配慮すべきであるということです。また発表活動において文字をプロンプトとして提示しておいても，徐々に文字の手がかりを見ないで話すように心がけさせることも重要です。

5. カリキュラム・マネジメント（短時間学習）

　カリキュラム・マネジメントは本来，教育の目的や目標の実現に必要な教育の内容等を教科等横断的な視点で組み立てたり，教育課程を評価し改善すること，人的・物的な体制を改善することであるとされています（総則第1の4）。外国語科は，短時間学習を実施する学校も多いと思われますが，本来は他教科との関連性も意識して，全般にわたって教育課程を組織立てることが必要です。したがって短時間学習を含む時間割編成も，各教科で採用できる編成であることから，どの教科で短時間学習が効果的なのか，どのような学習を短時間学習で行うと効果的かなど，総合的な判断が必要です。

　短時間学習は，導入にあたって，学習効果と運用の2つの面から検討が必要です。まず学習効果については，日常的に英語を使わなくてもよい日本の環境からすると，外国語への接触頻度は重要な要因です。週に1～2回程度の学習では忘却が著しく，短時間でも英語に触れる機会を増やすことが有効です。とりわけ子どもの暗黙的学習が主体になる外国語学習では，くり返し学習のための多くのインプット・アウトプットが必要となるので，短時間学習は有効な手段となるでしょう。

　どのような役割を短時間学習に担わせるかについて，復習とするか，予習とするかの選択があり，また内容的には単語学習，映像視聴，音と文字の関係指導，読み聞かせ，などきわめて広い活動が設定可能です。また45分授業のまとまった時間との役割分担，単元における位置付けなどを配慮する必要があります。

　学習効果を上げるうえで，短時間学習について留意が必要であるのは，「資質・能力が偏りなく育成される」ようにすることです。例えば指導が楽であるという理由から，ワークシートに英語を書く作業ばかりに終始することなどは避けるべきでしょう。指導教材を工夫して，音声や文字などを偏りなく指導をする必要があると思います。

　このような学習効果を上げるための検討に加えて，短時間学習はとりわけ運用面での慎重な検討が必要です。過密化する時間割・年間計画に組み込む困難さや，15分程度の学習を効率的に行う体制・教材の整備などが必要であり，実施には工夫が要求されます。小学校の時間数は週28時間が上限であり，外国語活動・外国語による時間数増加をどのように組み込むかは，多くの学校にとって大きな課題です。移行期間については，総合的な学習の時間から15時間ずつ外国語活動と外国語に充てることが可能となりますが，それでも残りの部分（20時間）をどのように設定するか，各地域・学校の工夫が求められています。

　なお，短時間学習については，これまでの国語，算数などの朝学習とは根本的に性格が異なっていることにも注意すべきです。すなわち，教科外の裁量として行ってい

る朝学習等とは異なり，教科の一部として内容の決定，時間数の管理，評価等を行わなくてはならず，学校教務の管轄下での責任ある運用が求められます。また3,4年生の外国語活動については，指導要領では短時間学習の選択肢は示されておらず，45分授業で時間確保することが基本となっています。

短時間学習は，特に高学年の外国語の時間割編成の方策の一部として選択可能なオプションの1つであり，短時間学習と45分授業を組み合わせて60分授業としたり，あるいは休業期間にまとめて実施したりといった，多様な組み合わせが試行されています。地域の小学校間の均質化，複数の小学校が進学する中学校での学校差の抑制などの問題が絡むため，できるだけ自治体ぐるみでの統一的な運用や支援体制が必要です。

6. 他教科との関連

新学習指導要領においては，外国語活動において「言語活動で扱う題材は，児童の興味・関心に合ったものとし，国語科や音楽科，図画工作科など，他教科等で児童が学習したことを活用したり，学校行事で扱う内容と関連付けたりするなどの工夫をすること」としています。

学習内容の取り扱いについて記されたこの記述は，学級担任の児童理解の強みを生かし，他教科や学校行事など児童の生活全体から題材を得て，学習を活性化するように促していると考えられます。とりわけ，柔軟に他教科の内容と関連付けて英語を教えることができる点は大きな強みです。専科教員が教える中学校とは違って，小学校は一人の担任が全教科を教えるという特徴があり，英語教育にとっては大きなメリットでもあります。

他教科の内容を結びつけて教えることの効果は，
1) 児童の既有知識を引き出して，知識の取り込みを促進させる
2) 児童の既有知識や新しい知識を取り入れることで，動機付けが高められる
3) 英語以外の教科への興味を持つ児童を，英語学習に引きつけることができる

の3点です。

外国語の授業は言語そのものの習得が大切ですが，言語の習得をどのような「内容」を使って行うかも重要な視点です。こうした考え方は，内容中心教授法(Content-based approach)や，言語と内容を統合した外国語教育を志向するCLIL（クリル/ Content Language Integrated Learning）の考え方にもつながります。

例えば理科的な内容では惑星，動物などの題材を扱ったり，社会科の内容では地図学習を関連付けたりすることができます。ただし，他教科の分野では，児童には難解な用語をそのまま使うのではなく，児童に合わせて表現を調整する必要がある場合も

出てきます。動物の話題であれば，動物を肉食・草食といった分類をさせる活動も考えられますが，"carnivorous"（肉食）や"herbivorous"（草食）といった専門用語を使わなくてはならないわけではありません。例えば，肉食・草食は，"Lions eat meat. Horses eat grass." あるいは "Lions are meat-eaters. Horses are grass-eaters." などと，言い替えることができます。ALTなどに相談して表現を単純化することも考えられます。

　いずれにせよ，他教科の内容を外国語の授業に取り入れることは，とりわけ高学年の知的な欲求が高まる時期に，動機付けを高めるうえで大変重要な視点です。学級担任の広い児童理解を生かして，外国語の授業に広がりを持たせ，興味のある題材で児童が前向きに英語に取り組める授業を目指してもらいたいと思います。

7. デジタル教材（ICT教材の活用）

　情報機器の進歩により，今後は小学校外国語活動・外国語におけるICT教材の役割はさらに大きくなるものと思われます。これまでも，*Hi, friends!* のデジタル教材を活用されてきた先生は多いと思いますが，やはりそのメリットは何よりも英語の基本となる音声を聞かせ，多くの良質なインプットに触れさせることができる点でしょう。またICT教材によって，ことばが使われる場面を示しやすいこともメリットです。学級担任1人で教える環境では，とりわけICT教材の役割は絶大です。

　ただし，ICT教材はインプットとしての効果は絶大ですが，インタラクションにおいては，やはり現実の教師やALTが作り出す，教師―児童，児童―児童の英語でのやりとりに勝るものはありません。ICT教材に依存しすぎずに，教師がやりとりを主導的に展開したり，英語を自ら使う意識を高めていくことが強く求められます。ICT教材を活用しながらも，学級担任が英語使用のモデルとして，英語でのやりとりを活性化する授業づくりが必要です。

　なお，今後は教科書自体に，インターネットにアクセスするためのQRコードを組み込み，Web上の教材を活用して授業を展開する流れも増えていくと思われます。教室のネット環境の整備が望まれます。

8. プログラミング教育

　プログラミング教育は，コンピューター・プログラムそのものの習得だけを意味するものではなく，「プログラミング的思考」を通して，論理的に課題を解決する普遍的な力を育成しようとする考え方です。「プログラミング的思考」とは，自分が意図する目的を達成するために，どのような行動や操作を組み合わせるとよいのか，どのよう

に改善すべきなのかなどを論理的に考える力を意味しています。日本ではプログラミングが産業など各分野で遅れをとっている分野であること，またIT人材の不足やAI時代への対応の危機感が背景にあるものと思われますが，外国語科においても間接的につながりを意識することができます。

　外国語科においては，「どう工夫すれば伝わるか」を考えることがありますが，このことは「どう命令を組めば，目的が果たせるか」と考えるプログラム的思考に通じる面があります。つまり英語運用で言えば，文を組み立てて，伝える方策を考え相手に理解してもらうことに通ずるものがあり，そこで筋道をたてて論理的に考える力が関係するものと思われます。

9. 小中連携

　小学校外国語の教科化により，小学校と中学校，高校に至る9年間の目標が一貫性のある形で整備されました。また言語材料や技能を含む学習内容も段階化され，役割分担がより明確になったと言えるでしょう。

　しかし小学校と中学校の間には，まだまだギャップが多く，今後も小中が協力・連携して英語教育をつなげる努力が必要です。とりわけ中学校に入ると，英語は，急に読み書きが増え，文法指導が始まり，テストも行われ，正確さが要求されます。中1の1学期から2学期にかけて動機付けが低下するという事例（山森2004）や，中1の終わりまでに，英語を学ぶこと自体に感じている充実感が低下するという報告もなされています（清水・山口2016）。

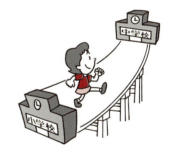

　それでは，小中の間にあるギャップについて考えてみましょう。5つの点で，小学校・中学校の英語教育は大きく異なっています。

1）カリキュラム編成の違い

　中学校の教育課程の編成原理は文法項目による配列ですが，小学校は基本的にはトピックや場面，機能が中心です。新学習指導要領になってから過去形などの新しい項目が加えられましたが，小学校外国語の教育課程の編成は依然として話題や機能を中心としたものが主流で，基本的にはコミュニケーションや英語の運用を促すためのものと言えるでしょう。一方，中学校の教育課程は，伝統的に文法項目で配列され，それらの習得と運用が中心です。

2）指導方法

　指導方法については，小学校ではゲームや遊び的な活動も多く，動機付けを高める配慮がなされています。また小学校では，目的感を持った伝え合いも重視され，言語形式そのものを覚えるだけで終わらないようにする努力もなされています。一方，中学校英語は，言語材料や技能に習熟することが優先され，文法や表現の正確さを高めるための修練が基調です。そのため，必ずしも意味の伝え合いによるコミュニケーションを中心にしにくい面があります。

3）読み書きの増加

　現在は，小学校外国語活動が音声中心であるため，中学校に入ってから生徒たちが学ぶ読み書きの増加はかなり急激なものになっています。小学校外国語科への読み書きの段階的な導入によって，そのギャップはある程度埋まるものと考えられます。しかし，中学校での読み書きの学習や評価での要求度が高い状況はおそらくなかなか変わらないものと思われます。

4）練習・家庭学習の増加

　中学校では，小学校では求められなかった「努力して学ぶ」という学習モードが増えてきます。小学校での，少し表現に慣れてから活動を楽しんだり，コミュニケーションしたりという授業は徐々に姿を消し，中学校では一般にコツコツと基礎的な練習を積んでいく堅実さが必要な学習にシフトしていきます。

5）評価

　これまで外国語活動の評価は定着を求めない慣れ親しみの評価であり，記述によるものでした。新学習指導要領下での小学校外国語科の評価は，ある程度の定着も評価され，また評定が導入されることになります。しかし，それでも中学校では，定期的にテストが行われ点数化され，その中では正確さや読み書き・文法などが重視されるようになり，子どもたちは小学校の英語とはかなり違った学習習慣と真剣さが求められてきます。テストで点数が取れずに動機付けを落としていく中学生はきわめて多い状況です。

　こうした小中の違いによって，中学校に入った子どもたちは英語学習のギャップを感じ，困難さに直面するという現実があります。いい意味でとらえるならば，どこかできちんとした文法知識や，より上のレベルの表現，読み書きのリテラシーへのグレードアップが必要であり，中学校段階はその意味で重要な役割を果たしていると言えま

す。しかし現実には，まだまだ小中の英語教育の教え方・学び方の差が大きく，中学校入学時の生徒の負担を軽減するための，橋渡しや歩み寄りが必要です。

　2つの方策が可能です。1) 中学校英語が小学校英語に橋渡しする，2) 小学校英語が中学校英語へ橋渡しする，ことです。小中連携では，基本的には1) が，今後きわめて重要になると考えられます。つまり，中学校入学時の橋渡し指導を工夫してもらうということです。とりわけ中学校の先生方に小学校英語を理解してもらうことが重要です。

　中学校の橋渡し指導が機能するためには，中学校の先生がどの程度小学校時代の英語学習の趣旨と方法を理解しているかどうかにかかっています。そのためには小学校と中学校の学校間，教師間の協働が必要であることは明白ですが，加えて管理職や行政による小中を連携させる研修や体制の整備が不可欠です。

　小学校英語について研修を受けている中学校の先生ほど，小学校で英語を学んできた子どもたちのよさに気づきやすいという傾向も明らかになっています（萬谷・志村・中村2017）。小学校英語を理解し，そのよさを引き継ぐように努力している中学校の先生の授業では，子どもたちの小学校時代に培われた積極的に英語を使う力が発揮される場面が用意されているからではないかと考えられます。

　小学校英語の成果を引き継いでもらうためには，中学校の英語指導の質的変化が求められます。とりわけ小学校英語において培われた，音声面の強みや意味のやりとりへの積極性を生かして，子どもたちがコミュニケーションに取り組める場面，特に聞き話す機会を中学校でも多く設けてもらう必要があります。中学校には，そうした聞き話すコミュニケーションする姿の中から，表現力の幅や文法の正確さを自ら求めるように生徒の動機付けを育ててもらうことが理想です（樋田2011）。

　一方小学校の先生ができることは，中学校の英語の先生に対して，少なくとも小学校英語の目指すものや実際の子どもの姿を知ってもらうことです。小学校の先生方の立場からすると，子どもたちが小学校時代に身につけた英語で伝え合う力や積極性を大きくなってからも忘れずに，より高く成長してもらいたいという願いがあると思います。子どもたちのために，ぜひ地域の研修などを通じて中学校の英語の先生たちとのつながりを大切にしていただきたいと思います。

　では，2) の小学校側からの橋渡しに向けてできることですが，2点あげておきたいと思います。

　1つは，小学校の先生方が教えていることに自信を持つことです。小学校外国語活動・外国語で育てるべき英語の素地や基礎は，場面で音声を通じたやりとりができる力，そして間違いを恐れずに英語で伝え合おうとする積極性やたくさんの音声的な言

語運用の経験から身につく「暗黙的な知識」(板垣・鈴木 2015) などが, 指導の中心です。それらを子どもの心の中にしっかりと根づかせておけば, 中学校での学びにつながっていくことを理解するべきです。自分たちは英語の専門家ではないという思いから, 消極的になるのではなく, 小学校では中学校以降の英語学習で育つ力のための畑を耕し, 種をまくきわめて大切な役割を果たすことができるという自信をぜひ持っていただきたいと思います。

　もう1点は, 子どもたちが中学校英語を学ぶことで, 将来どのような人になっていけるのか, イメージを持たせてほしいと思います。中学校での英語学習で, もっといろいろなことが表現でき, 世界の人々と話ができるようになること, 読み書きができることで自分の世界を広げられること, 表現力の幅を広げることで, 子どもの英語から徐々に大人の英語の使い手になっていけることなど,「あこがれ」や「期待」を持って中学校の英語に取り組んでいく気持ちを育てていただきたいと思います。

(萬谷隆一)

参考文献

アレン玉井光江(2010)『小学校英語の教育法』大修館書店.

柏木賀津子(2011)「小学生の英語の学び方は中学生とどのように違いますか?」萬谷・直山・卯城他(2011), pp. 66-67.

清水真紀・山口陽弘(2016)「中学生の英語学習に対する動機づけはどのように変化するか―英語イマージョン教育を受ける中学生と公立中学校の生徒を比較して―」『群馬大学教育実践研究』33号, pp. 209-216. 群馬大学教育学部附属学校教育臨床総合センター.

板垣信哉・鈴木渉(2011)「英語コミュニケーション能力の「素地」と「基礎」―第2言語習得研究の熟達化理論から」*JES Journal* 11, 19-24, 小学校英語教育学会.

板垣信哉・鈴木渉(2015)「小学校外国語活動と中学校外国語教育の接続:言語知識と記憶理論の観点から」*JES Journal* 15, 68-82, 小学校英語教育学会.

山森光陽(2004)「中学1年生の4月における英語学習に対する意欲はどこまで持続するのか」,『教育心理学研究』52, 71-82.

Hulstijn, J. H. & R. Schmidt(eds.)(1994)*Consciousness in Second Language Learning*, *AILA Review* 11.

樋田光代(2011)「コミュニケーションの楽しさをつなぐ取り組み:小学校外国語活動と中学校英語のかけ橋」萬谷・直山・卯城他(2011), pp. 126-131.

中村典生(2011)「小学校では英語の読み書きは学ばないのですか?」萬谷・直山・卯城他(2011), pp. 34-35.

萬谷隆一, 直山木綿子, 卯城祐司, 石塚博規, 中村香恵子, 中村典生(編著)(2011)『小中連携Q&Aと実践 - 小学校外国語活動と中学校英語をつなぐ40のヒント』開隆堂.

萬谷隆一・志村昭暢・中村香恵子(2017)「外国語活動の成果に対する中学校英語教師の意識 ―必修化直後と現在における意識の比較―」*JES Journal* 17, 69-84, 小学校英語教育学会.

実践編

小学校英語で気をつけたいこと

1 教科横断
2 絵本
3 文字
4 デジタル教材
5 わが町・日本紹介
6 異文化理解
7 小中連携
8 プログラミング教育

1 効果的な教科横断の仕方

新教材関連Unit
5年：Unit 2・6・7・8
6年：Unit 4・6

1. 小学校教育における外国語活動・英語

　「まだ日本語もおぼつかない小学生に英語を教えるなんて。国語をはじめ, ほかの教科を教えることに力を注ぐべき。」「自分が小学校教員免許を取るときは英語を教えることなど念頭になかった。自信がない。」

　外国語活動が小学校の教育課程に入るようになって久しい今でも, 上述のような声が現場では聞こえてきます。私が小学校で外国語活動を始めた平成4年は, もっと強い反発がありました。JETプログラムで来日したアメリカ人ALT（外国語指導助手）と英会話クラブを担当するように言われ, 何とかやってみたものの, 子どもたちの瞳が輝くような活動はできず, 自己嫌悪に陥り, 自分もそのような考えに逃げました。しかし, 優れた授業実践を見せていただき, 学んでいく中で, 外国語活動は, 良好な人間関係づくり, 他教科（学び全般）に対する興味の喚起, 自己肯定感の醸成にも有効であることを知ったのです。もちろん, 授業の達人と呼ばれる諸先生は, どの教科指導においてもその教科の指導内容を押さえるだけでなく, 仕掛けを散りばめ, 子どもたちの全人的な成長へとつなげておられます。ですから, 外国語活動といっても異質なものではなく, ほかの教科領域と同じ小学校課程のひとつとして, 小学校教師の持ち味を発揮して教えればいい, そう気づきました。

　そうは言っても, 外国語活動の指導内容をすべて自分で組み立てることは難しく, 教科書をもとに指導することになると思います。その中でも, その活動に込められた意味を知ること, また, 自分なりの小さな工夫を加えることで, 子どもたちだけでなく, 教師自身も楽しんで授業できるのではないでしょうか。その一案を以下に述べたいと思います。

2. 他教科との関連

❶ 国語

　外国語活動や英語を通して, いちばん相乗効果が期待できる教科だと思います。外国語活動では主に英語を扱うことになりますが, どの言語であっても, またはお年寄りや小さい子どものことばであっても, 相手の話をよく聞き, 様子を観察し, 伝えたいことを汲み取ろうとする態度は今後の人生において大切な思いやりの心につながります。また, 自分の伝えたいことを相手にわかってもらえるよう, ことばやそのほかの方法を駆使して努力する, 一度で無理なら試行錯誤してなんとか伝えようとする, そ

のような態度も重要です。今，SNSなどで短い文をやりとりする中で，誤解が生じ，トラブルになる事例が多発しています。誤解が生じないように適切なことばを選ぶなど，自分の使うことばをメタ認知する力や語彙力，相手の立場に立つ想像力が必要になります。国語科や外国語活動で，うまく伝わらないことをどうすれば伝わるか考え工夫すること，伝わった成功体験をたくさん経験させると，教科を越えて，また，日常生活でも意識できるようになります。

外国語活動では，日本語に取り入れられたことばも，英語とは発音や意味が違うことがあることを知る機会にもなります。「自分ではbananaと言っているつもりでも，ALT（ネイティブスピーカー）には通じないんだ」という驚きも，一生懸命伝えようとするモチベーションにつながります。自分の「つもり」と相手の「理解」にギャップがあることを知ることは大切です。また，日本語に取り入れられた外来語はほかにもたくさんあり（かるた，背広，瓦，ズボン等），良いところを柔軟に取り入れ，発展させてきた文化に気づかせる機会にもなります。

高学年になると，朝の１分間スピーチが形式的で感動のないものになることはありませんか。英語の授業で自己紹介やShow & Tellを行うと，身振りを入れたり，具体物や絵を提示したりして工夫するなど，英語というフィルターを通すことで普段と違う自分を出せる子どももいます（ALTのお手本などがあると効果的です）。そのような活動ができたあとは，国語のスピーチや，社会科や総合的な学習でのインタビュー，発表などでもぜひ応用させてください。

❷ 道徳

道徳，体育，外国語活動の授業には，その担任の学級経営が如実に表れるといいます（どの授業でも出ますが…）。裏を返せば，外国語活動を通してより良い人間関係を結ぶこともできるということです。ぜひ，そのような視点を持って授業をしてみてください。

相手のことを思いやり，失敗しても笑わないクラス，自由な発言が許されるクラス（正解発言だけを取り上げたり，間違い発言のとき顔色に出したりしていると，先生の顔色を見て先生の望む答えしか出さなくなります），一部の子どもの発言だけで進むようなことがない授業，おとなしい子も意見が出せるクラス，にする良い機会です。間違えても，"Good job!" "Nice challenge!" とほめてあげる。先生が間違えてしまっても

何ら恥ずかしくはありません。Try & Errorが大事であるということを，モデルとなって示してください。また，ポイントゲームやカードの並べ替えなどの活動では，発言しなくても，指をさしたり，カードを並べたり，といった行動の観察でその子が理解しているかどうかが見取れます。普段授業に積極的に参加しない子，おとなしい子は，ほめられる機会も少ないので，この機に大いに褒めてあげてください。英語のほめことばはたくさんあります。褒めるのが苦手な先生も，英語でなら少々大げさにでも言えるでしょう。ほめられるのは，子どもも大人も嬉しいことです。

　普段なら恥ずかしがることも，英語のフィルターがかかればできてしまう，というのは前項でも述べましたが，男女の意識も薄れ，仲良く協働するチャンスにもなります。活動の中でゴールを提示して，何が何でも仲間と協働しなければならないよう仕掛けてください。私は，調べるための資料を隣どうし（男女ペア）でわざと1冊しか渡さない，という手を使ったことがあります。制限時間内，けんかする間もなく一生懸命調べてまとめる姿が見られました。

男女で協力して活動する様子

　自分の住む町や国の良さに気づき，尊敬する人を意識し，自分自身について見つめる，そのような活動も新学習指導要領からは考えられます。今まで生活科，社会科，道徳で扱った内容を英語の授業でも扱うことで，再考したり，多角的に見つめたり，より深く認知することにつながります。

❸ その他の教科・領域

　月の言い方を覚えるとき，8を表すことば（oct）がついているのになぜOctoberは10月なのかなど，ことばにまつわる豆知識に子どもたちは興味を持って飛びつきます。さらに，夏休み前の題材として，理科で学んだ夏の大三角と七夕伝説とが関係あること，太陽系惑星の名前と曜日の言い方が関連あること，惑星名と神話に関連があること，などを扱うと，ことばの学習にとどまらず，背景にある文化やいろいろな学びにつながります。もちろん，それは話材であって，知識として詰め込むものではありませんが，ほかの教科で習った内容や，児童の興味を引きそうな内容を扱うことで，

学びがつながり，広がるおもしろさを味わわせたいと考えます。また，習ったことを深めることにもつながると思います。

3. 教師が率先してアクティブ・ラーニング

　英語を使うこと，英語を使って教えることは，教師も学ばなければならないことがあり，大変な面もあります。でも，その学びに向かう姿勢（苦手なことにも失敗を恐れず立ち向かう姿勢）は，大いに子どもたちのモデルになります。やらねばならないものなら，子どもにとっても，自分にとっても益となるよう，自分の得意な教科と絡めるなどして主体的に楽しんで学びを展開してほしいと思います。

（樫村雅子）

2　絵本を通して豊かな英語のやりとりを

新教材関連Unit
5年：Story Time（全ユニット）
6年：Story Time（全ユニット）

　子どもたちには，英語を聞いてわかる活動をたくさん経験させたいと思います。絵本の読み聞かせを活動に取り入れることで，子どもたちは，物語の中で自然な英語にふれることができます。

1．絵本を扱う意義

　まとまりのある英語を聞くことで，英語を固まりで覚えることができます。また，文脈の中で意味を推測する力や大意をつかむ力をつけることができます。さらに，様々な場面から異文化を感じ取ることもできます。

2．絵本の選び方

　絵本を選ぶときは，子どもの発達段階や興味・関心に合わせて選択することが大切です。また，学習した単語や表現が含まれており，それらが使われる場面等がくり返し現れるものが最適です。絵本の中にはビッグブック（大型絵本）が販売されているものがあります。人数の多いクラスではビッグブックを活用したほうがよいでしょう。また，付属CDが販売されている絵本もあります。授業で子どもたちにCDを聞かせてもよいですし，教師による読み聞かせの練習のお手本として授業外で活用することもできます。効果音が入っているものもあるので，子どもの興味を引くには有効です。しかし，常にCDを使用するのではなく，ぜひ先生ご自身で，子どもたちの様子に合わせたり，やりとりをしたりしながら読み進めていただきたいと思います。

3．絵本の取り扱い方

　絵本を題材にして1つの単元を構成することも可能ですが，すでにある単元の一部の活動として，関連した題材の絵本を取り入れることのほうが，先生方の負担が少ないと思います。単元の中で単語や表現を学習したあと，それらが使われている絵本の読み聞かせを行うことで，子どもたちは絵本の内容を理解することができるとともに，単語や表現が場面の中でどのように使われているのかを理解することができます。単元の各時間の最後に読み聞かせの時間を設定します。単元の初めの段階では教師による読み聞かせ，中盤では子どもたちが一部を言うなどの参加を取り入れた読み聞かせを行います。そして，終盤では読み聞かせの発展として，オリジナル絵本づくりをし

たり，劇やペープサートで物語を演じたりするなどの活動を行うことができます。また，他教科（算数や理科など）と関連づけて，学習した内容を英語で確認するなどの活動も考えられます。

4. 読み聞かせの方法

　英語らしいリズムで，ジェスチャーをつけたり，声色を変えたりして表情豊かに読むことが大切です。時折，次に何が起こると思うかなどの質問をして子どもたちと英語でやりとりを行います。ページをめくるわくわく感を大事にしましょう。

5. 具体的実践例

❶ *The Very Hungry Caterpillar* (by Eric Carle, Philomel Books)

　はらぺこのあおむしが，曜日ごとに様々な果物や食べ物を食べ続け，最後に美しいチョウに成長するというお話です。曜日，果物などに関連した単元の一部に組み込むとよいでしょう。第3学年，または第4学年の学習にふさわしい絵本です。
　"On（曜日）he ate through（果物等），but he was still hungry." という表現がくり返し出てきます。この部分は，回を重ねるごとに子どもたちも言えるようになりますので，徐々に子どもたちにも読み聞かせに参加してもらいましょう。曜日ごとにグループを決め，自分の担当の曜日の部分を "hungry" のジェスチャーをつけながら言うことなどが考えられます。絵本には，あおむしが食べた果物や食べ物，葉っぱに穴が開いています。そこにあおむしに見立てたものを通しながら読むことで，"through" の意味をとらえさせることができます。私は，緑色の毛糸（極太）を7センチメール程度で切り，片側を玉止めして赤く塗ったものをあおむしに見立てて使用しました。
　この絵本は，チョウの一生を描いています。小学校第3学年の理科では，「昆虫の育ち方には一定の順序があること」を学習します。発展的活動として，理科で学習した昆虫の成長を英語で確認する活動を行うこともできます。

2 絵本を通して豊かな英語のやりとりを

昆虫の成長

なお，この絵本に登場するあおむしは，さなぎ（chrysalis）ではなく繭（cocoon）になります。これは物語上のファンタジーであって，実際のチョウは繭（cocoon）にはなりません。理科と関連させる場合は子どもへの説明が必要だと思います。ちなみに，"chrysalis"はチョウのさなぎのことで，一般的な昆虫のさなぎは"pupa"といいます。また，チョウの幼虫は"caterpillar"で，トンボの幼虫は"larva"であることにも注意が必要です。

❷ *Me Myself* （by Mikiko Nakamoto & Hideko Kakegawa, APLICOT）

この絵本は，Trissaという女の子が，自己紹介をするお話です。まず，苗字，年齢，家族，住んでいるところ，通っている小学校を紹介する表現が登場します。その後，"Sometimes I am good, but sometimes I am bad.", "Sometimes I am happy, but sometimes I am sad."など，自分の性格や気分についての表現がくり返し出てきます。"big–little, kind–rude, pretty–ugly, clean–dirty, brave–timid, hardworking–lazy, neat–messy"などの様々な反対語を学ぶこともできます。

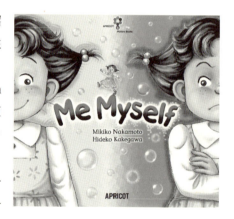

年度初めの自己紹介を題材にした単元で取り扱うとよいでしょう。第5学年，または第6学年の学習にふさわしい絵本です。数回教師による読み聞かせをしたあとは，子どもたちが，苗字，年齢，家族，住んでいるところ，通っている小学校の部分を自分のことに替えて言うことで読み聞かせに参加します。また，性格や気分に関する部分は，自分にも当てはまると思うものについては声を出して言うようにします。発展的活動として，実際に自己紹介をする際，好きなものやできること，誕生日や行きたい

ところなどに加え，この絵本に出てくる表現の中から自分に当てはまる部分を使って自己紹介をすることが考えられます。また，この絵本には，人はみんな様々な一面を持っているというメッセージが込められており，道徳との関連が図れます。

❸ ***Bears in the Night***（by Stan and Jan Berenstain, Random House）

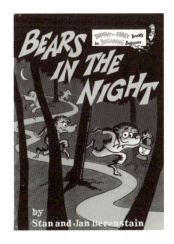

　この絵本は，"Whooooo"という声の正体を知るために，クマたちがベッドを抜け出し，森を突き抜け丘まで行くというお話です。"in, out, to, at, down, over, under, around, between, through, up"などの前置詞が出てきます。位置や場所，道案内等を題材とする単元の一部として取り扱うとよいでしょう。中学年，または第5学年の学習にふさわしい絵本です。数回教師による読み聞かせをしたあとは，"in bed, out of bed, to the window, at the window, down the tree, over the wall, under the bridge, around the lake, between the rocks, through the woods"などに合うジェスチャーをさせます。

　発展として，中学年であれば，広いスペースにマットや鉄棒でセットを作り，英語の指示に合わせてクマたちが部屋のベッドから丘まで行く疑似体験をするという活動ができます。高学年であれば，場所の説明や道案内をする活動の中に，絵本に出てくる前置詞を使うということが考えられます。

（上原明子）

3 文字の教え方

新教材関連Unit
5年：Unit 1・2・3・4，Sounds and Letters
6年：Sounds and Letters

　本節は，次期学習指導要領の目標を考え，「聞くこと」から始めた児童に，主に学級担任の先生が指導する場合の，指導の基本や活動例を紹介します。児童が，英語らしい音のかたまり（音韻）に注意を向け，アルファベットへの興味を持ち，英語の音と綴りの結びつきに気づくよう，スモールステップの活動を順に配置します。また，ステップを積み上げていく途中に，「短い単語やお話の一部が自分で読めた」という達成感を持てる活動を取り入れていきます。

1.「読むこと」，「書くこと」の活動を導入する際の原則8つ

(1) 小学校外国語活動における児童は，その後の教科としての英語の前段階であることを忘れず，「聞くこと」の分量を十分確保する。高学年では知的好奇心に応える文字活動をすること。

(2) 「英語らしい音声を聞く」→「真似ながら話す」→「音と文字の関係を学んで読む」→「写して書く」の順番を大切にすること。意味がわからず，言語活動と切り離した機械的な「書き写す」の活動にならないようにすること。

(3) ボトムアップ指導（音と文字に関する指導）とトップダウン指導（絵本などで意味のわかる音声と文字を大まかにつかむ）の両方を用いて，「英語らしい音への注意」を引き出すこと。

(4) 友だちとのペアやグループで行う活動を工夫し，視聴覚教材を使い，「聞く，見る，触る，探す，操作する」の活動を通して児童の認知力に働きかけること。

(5) 音声と文字の指導は長すぎず，15分程度で1つの活動を丁寧に行い，一方，意味のやりとりのある言語活動で文字を扱うときは，読み書きの正確さにとらわれすぎず，絵と文字を線で結ぶワークシートにするなどの活動の負荷を軽減をすること。

(6) 小学校3年生で学んだ国語としてのローマ字を使って，自分の名前をすらすら書けるようにしておくこと。ローマ字五十音表のしくみを理解しておくこと。そのうえで，ローマ字と英語のアルファベットの音や綴りとの違いに気づき，対比できるようにすること。

(7) アルファベットの大文字のA，B，C（エー，ビー，スィー）の順番や文字の形認識の定着を図ってから，アルファベット小文字のa，b，c（アッ，ブッ，クッ）に移行すること。大文字と小文字を混同しないよう，それぞれの定着のあとに大文字と小文字のマッチングを行う。

(8) 意味のあるやりとりや児童がおもしろいと思う活動を通してから「書き写す」活動を行い，最初は短い単語や，文の一部を書き写すこと。児童の書き写すスピードには差があるため，書き写す分量が多くならないようにすること。

2. 聞くことから始める「読むこと」の活動例（小文字）

❶ 英語らしい音や音のかたまり（音韻）を聞く活動

（活動1） 同じ音がくり返し出てくる歌や文を聞いて，ステップを踏んだり手をたたいたりする。文字を見せずに，同じ音のかたまりが何回聞こえたか，おはじきを使って耳と手の操作を呼応させる（図1）。

（例）Fox "Mox" in the box. ／ Fat cat on the mat.

図1　音のかたまり

（活動2） アルファベット・ジングルを聞き，絵の単語カードを使ってグループでチャンツに乗せて言うなどの活動でアルファベットの音に慣れ親しむ。アルファベットの小文字の帯で，26文字の音の特徴が定着するようにする（図2）。

図2　小文字の帯

（活動3） 文字を見せずに，3つの単語を聞いて（例：cat, ball, bat），先頭の音が1つだけ違う単語を選ぶ。そのあとに単語の文字を見せて，アルファベットの音と先頭の文字を結ぶ。（図3）

図3　先頭の音が違う単語の聞き分け

（活動4） 単語の音声を聞いて，先頭の音に合う文字を選んだり，文字と絵を結んだりする。（例：絵を見て➡□og: dog　□at: cat □en: ten）

（活動5） 同じ先頭の音で始まる単語を集める。（例：p（プッ）で始まる➡pen, pig）

❷ 音と文字の関係に気づく活動

（活動1） 一人1～2枚のアルファベットの文字カードを配り，先生が見せた絵の単語カード（例：fox）の文字を持っている児童が前に出る（図4）。英語の単語が，先頭の音と，語尾の音（かたまり）からできていることを，耳と目で認識できるようにする。

図4　先頭の音と語尾の音

（活動2） 3文字程度の12枚の「絵カード単語かるた」（例：p:p/ig, p:p/en. b:b/ag. b:b/ox）を使って，先頭の音を聞いて単語を選ぶ，12枚から9枚選んで，3列×3列にカードを置き，ビンゴゲームなど4人程度のグループで学び合う。

※ 英語の音と文字は，必ずしも規則どおりではないことから，アルファベットの音で推測しやすい3～4文字の単語の読みに慣れておく程度にする（例：tiger, chicken などは規則どおりではない）。

（活動3） 短い絵本の読み聞かせなどで，音声から慣れ親しんだ文を見て読みの推測ができる単語を探す（ルール・ハント活動）。この場合のストーリーは，児童の「読めた」という達成感を引き出す活動であるので，アルファベットの音の知識で読める単語が入っているとよい。

3.「書くこと」の活動例（大文字と小文字）

❶ 文字の形認識の活動

（活動1） アルファベットの大文字の形認識は，児童のイニシャル，街の看板（PARK），社会科（WHO）などで頭字語として触れる文字を日常生活から探し，大文字リレーなどで親しむ。A～Zの順を学び文字をなぞる際に，線対称や点対称の大文字を探したり，ペアで指文字クイズをするなど，多感覚を使って体験的に学ぶ。

（活動2） アルファベットの小文字の形認識は，大文字の形認識が定着してから行い，4線のどの空間を使うか，体で体験してから書き写すとよい（4線を地下1階地上2階建てに見立てて，aは1階で座る，bは2階まで使うので背伸び，gは地下まで使うので床に手をつくなど）。板書や掲示物などのアルファベットはaやgが手書き文字に近くなるように教科書体を使用する。

❷ 書き写す活動

（活動1）アルファベットの小文字を使って綴りを学ぶ。3文字程度の単語と文字を結ぶ活動を行う。単語をなぞったり文字をリストから探して書き写したりする（図5）。カタカナの振り仮名は使わず，アルファベット・ジングルを生かし，ある程度規則どおりの音声と英語の綴りを直接結びつけるようにする。

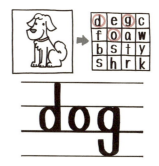

図5 文字を探して書く

（活動2）アルファベットの音では読みにくいが，児童が言語活動でよく触れる単語（例：What, Who, When, I, You, can）は，目で見て覚える「サイト・ワード」として親しむ。

❸ 意味のある場面での書き写す活動

（活動1）やりとりのある活動（例：自分の1週間の時間割やアクティビティを伝える）では，書き写す分量をあまり多くせず，コミュニケーションを目的としたワークシートを用意する。フレーズリストから選ばせるとよい。言語活動を通して慣れ親しんだ短い文を1つ選んで書き写す。

4. 音声から文字への指導のポイント

　英語の音と文字に関しては，英語らしい音の創り出し（発音）と，音声と文字の結びつきの導入に分けられます。この両方を支えるのは音韻認識（音のかたまりを音声だけで感じる）・音素認識（単語を構成する最小のユニットと綴りを結ぶ）の指導で，小学校のみで指導するのではなく，中学校の英語指導との連携が大切です。中学校英語科ではそれらを体系的に学び，気づきから規則へと誘う指導が重要です。

　日本語の仮名は，音と文字が一対一で対応する表音文字なので，「つくし」は1つの音に1つの平仮名が当てられ，音声と綴りであまり苦労することがありません。一方で英語のアルファベットは，音と文字が一対一で対応することはほとんどありません（「a」ひとつでも，cat, take, father, waterと多くの音を表す）。先生は，日本語と同じように英語もすぐ読めるはずだと思い込まないようにし，英語の指導ではスモールステップで体験的な活動を通してゆっくり学べるように工夫することが重要です。

（柏木賀津子）

4 デジタル教材の活用法

1. 基本は「ネイティブ音声を聞かせる」

　デジタル教材を使ういちばんの理由は,「ネイティブ音声を聞かせる」ためです。ALTや英語専科の先生が授業をするのであれば, よい発音で授業を進めることができるのでデジタル教材は必要ないかもしれません。発音に苦手意識のある学級担任の先生が授業をするのであれば, デジタル教材は必須です。担任がいわゆる日本人的発音の英語で授業を行えば, 児童はその発音を覚えることになります。しかし, 第二言語習得論によると, 担任の日本人的発音の英語よりもネイティブ音声を多量に聞かせることができる環境であれば, 児童はネイティブ音声の方の発音を覚えるそうです。つまり, デジタル教材でネイティブ音声を多量に聞かせる授業環境にすれば, 担任が日本人的発音の英語であっても, 問題はないということです。デジタル教材を活用してネイティブ音声を聞かせる授業を行うことは, 児童へのインプットの質を保証することにつながるのです。

2. 音楽やチャンツを終わりの合図に使う

　英語の音楽やチャンツは,「さあ歌いましょう」といっても英語の歌詞なのですぐに歌えません。何度も聞かせて耳に馴染ませていく必要があります。そこで, 活動の終わりを知らせる合図として流します。例えば, 英語でインタビューし合う活動では, 教室がざわざわしているので, 担任が終わりの合図を大きな声で告げている場面がよくあります。そこでインタビュー活動の前に,「この曲が鳴ったら席に戻ります」と指示を入れておけば, 活動の終わりで流すと曲を聴きながら自分の席に戻るようになります。英語の音楽やチャンツと一緒に映像やアニメーションも流れるデジタル教材が使えれば, 視覚的にもわかりやすく終わりの合図としてさらに効果的です。このように何度も聞いているうちに耳に馴染んでいき, いつの間にか一緒に歌い出すようになります。

3. 「うしろ向き映画館」でインフォメーションギャップを体験

　デジタル教材の中には, 外国の様子や英語の会話のやり取りをしている映像を収録しているものがあります。これらの映像を見せたときの反応を見ていると, あまり興味を示さず退屈そうにする児童も出てきます。そこで, インフォメーションギャップ

を用いて映像を見せる活動をします。ペアでじゃんけんし，勝った人は映像を見ることができ，負けた人はうしろ向きになり音だけしか聞こえないようにします。ただし，映像を見た人はあとでどんな内容だったかを伝えなければいけないというのが「うしろ向き映画館」という活動です。うしろ向きの児童は，音だけしか聞こえないのでどんな映像なのかとても気になります。

　映像が終わったあとで，「説明してください」と指示すると，ペアになり一斉に話し出す光景が見られます。映像を知っている人と知らない人の間にインフォメーションギャップがあるので，伝えようとする態度，聞こうとする態度が生まれます。何とか相手にわかってもらおうと伝える態度や，何のことを言っているのかを聞き取ろうとする態度を体験的に味わわせることができます。最後にもう一度全員で映像を見て，映像を確認します。「うしろ向き映画館」は映像に興味を持たせることができ，その中で交わされた英語表現を印象深くインプットすることができます。

4. デジタル教材を見せたあとに質問する

　人物をクリックすると自己紹介の音声が流れるデジタル教材があります。"Hi, my name is Sakura.""Hello, my name is Hikaru...."聞き終わったら質問をします。「"Hi"と言っていた人と"Hello"と言っていた人がいます。誰でしょう？」このように質問すると，もう一度確かめたくなります。そしてまたデジタル教材を見ることにつながります。How many?の単元なら，「最初に出てきた動物は？どんなものが出てきたか順番に言いましょう」予想したあとでもう一度確かめるためにデジタル教材を見ることにつながります。このようにデジタル教材を見たあとに，もう一度確かめたくなるような質問をすることで，くり返し見ることになり，インプットの効果が高まります。

5. 音声を聞かせて動作をさせる

　単元の導入部分では，新しい表現をインプットする活動をします。このときに"Repeat after me."と言って発話させるよりも，音声を聞いて動作をさせる活動をするとインプットを効果的に行うことができます。デジタル教材のイラストをクリックして音声を聞かせたあと，その意味を表す動作を教えます。例えば，"I get up."なら背伸びをする動作，"I eat breakfast."なら納豆を食べる動作をします。ほかにも児童からアクションを募集して取り入れていきます。自分たちの考えた動作でアクティビティをすることで関心が高まります。グループを2つに分けて向かい合わせ，2つの動作をセットで表現するのも楽しい活動です。例えば，"I get up."なら1つを背伸びの動作，

もう1つをカーテンを開ける動作にして，"I get up."が聞こえたら一緒にそれぞれの動作をします。4人グループなら，背伸びの動作を素早く2人がしたら，遅れた2人はカーテンを開ける動作をさせるようにすると積極的に動作をします。この活動のポイントは，発話させていないということです。デジタル教材の音声や画像を見て，瞬時に動作をすることで，音声と意味を結びつけていくインプットの活動です。この活動を続けていくうちに，ネイティブ音声が耳に馴染み，やがて発話へとつなげることができます。

また，数を扱う単元では，「数でstand up」という活動ができます。デジタル教材には，世界のいろいろな国の数え方を収録しているものがあります。数を数える音声や映像に合わせて，立っていく活動が手軽にできます。課題は「クラス全員が途切れずに立つこと」です。ただし，1人一度しか立てません。一度立ったら立ちっぱなしです。カウントが終わる前に全員が立ち上がってしまって空白ができてもダメです。このように全員で課題を達成する活動に，音声を入れていきます。何度も失敗するたびに最初からやり直しになるので，何度も中国語やスペイン語の数え方を聞くことになります。このように，かんたんに達成できないもので何度も挑戦する活動にデジタル教材のネイティブ音声を組み合わせることで，多量のインプットを与えることができます。

6. チャンツを会話のイントロに使う

授業の中で，互いにたずねあう活動があります。たずねる英語表現を十分にインプットするのが理想ですが，実際にペアで会話を始めてみると，「何て言うんだっけ？」とまだ言えない児童や，まだ自信がない児童が多くいる実態があります。そこで，デジタル教材のチャンツを使います。例えば，Tシャツのデザインをたずねて○や△，□や☆を書く活動があります。たずねる表現としては，"What color do you like?"や"What shape do you like?"を使います。この会話をするときに，チャンツを流して一緒に言わせてから曲を止めて，そのあと相手が答えるという活動をします。曲が流れるとリズムに乗ってインタビューをしようと心の準備をします。♪チャンツの前奏→♪What color do you like?♪（一緒に言う）→"I like red."（相手が答える）このようにチャンツを会話の質問部分に流してインタビューする活動は，インプットの質を維持する点とアウトプットの口慣らしの点で効果的です。

ペアでのインタビュー活動は，まだ自信のない児童にとっては不安感があります。そして，覚えたての英語を発話するので，俗に言うカタカナ英語で発話することが多くなります。しかし，チャンツを流すことで一緒に言うことができ，まだ上手く言えないときでもリズムが流れているので一応言ったことになり，相手が答えるので会話が

成立します。チャンツを使うことで英語の発話がまだ不十分であっても会話が成立し，Tシャツのデザインを書く活動を楽しむことができます。英語の発話は不十分でも活動自体を楽しむことができ，何度もチャンツを聞いてそれに合わせて発話するうちに自信がついていきます。最後には，チャンツがなくても流暢な英語で質問するようになります。

　また，授業をコントロールする視点でも有効です。ペアのインタビュー活動は，自由に進めると，早く多くの人にインタビューをしようとしていい加減な聞き方で質問したり，ペアの児童を探せない児童がいたりして，活動が混沌としてしまうことがあります。チャンツの曲で質問のタイミングをそろえることでインプットの質を維持し，活動を教師がコントロールをしながら進めることができます。

7．音と文字を結びつけるアプリ「Word Wizard」

　文字指導につなげるときに文字1つひとつの音声を発音して，組み合わせて単語になるとまた発音をしてくれるアプリがWord Wizard—Talking Educationalです。児童の名前をこのアプリのブロックで組み合わせて作ると，英語の発音をしてくれます。ローマ字読みで「Tosio」を作り発音させると「トスィオ」のように発音します。hを入れて「Toshio」にすると「トシオ」と発音します。外国人が文字を読んで音を出すときに，ローマ字とは違う表記で発音する文字があることを体験的に示すことができます。発音が苦手な先生でも，文字を組み合わせるだけでフォニックス指導ができます。Word Wizardはローマ字読みと英語の音の違いを試しながら音声を聞いて覚えることができる便利なアプリです。

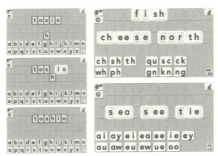

Word Wizard

（栄利滋人）

5　わが町紹介／日本紹介の考え方

新教材関連Unit
6年：Unit 2・4

1. 大事にしたい「言語や文化への気づき」

　現行の学習指導要領では，外国語活動の目標の1つに「言語や文化について体験的に理解を深め」ることがあげられています。また，新学習指導要領5・6年生外国語科の目標には，「(3) 外国語の背景にある文化に対する理解を深め，他者に配慮しながら，積極的に外国語を用いてコミュニケーションを図ろうとする態度を養う」とあります。つまり，外国語科の学習においては，単にその言語を聞いたり話したりする能力を高めればよいということではなく，その言語話者が持っている文化的な背景を理解することが重要です。

　外国語活動の3つのねらい（「コミュニケーションへの関心・意欲・態度」，「音声や表現への慣れ親しみ」，「言語や文化への気づき」）の中では，どうしてもこの「言語や文化への気づき」の部分が弱くなってくる傾向が見られます。

　ここで取り上げる「わが町紹介／日本紹介」というテーマにおいては，まさに文化への気づきや理解と関連づけた指導ができるものと考えられます。

2.「異文化理解」ということばがもたらす先入観

　国際理解教育の分野では，「異文化理解」ということばがよく使われます。この「異文化理解」ということばから，「外国の生活や文化に見られる異の部分」だけに注目させるような授業をしばしば目にします。例えば，アメリカ人やアメリカという国について触れたときに，肌の色，髪の毛の色などの外見的な違いや学校生活に見られる日本の学校との違いなど，異なる点ばかりに目を向けさせてしまい，その結果，子どもたちの多くは「日本人とアメリカ人って違うところが多い」という感想を持つようになります。しかし，異文化を扱う際には，その中にある「異質性」だけでなく，「同質性」に気づかせることが重要です。例えば，*Hi, friends!* デジタル版の中にあるさまざまな映像資料を見せ，気づいたことを発表させるときには，「日本や自分たちの生活と違うところ」だけでなく，「似ているところ」をたくさんあげさせることが有効です。そのような発表を通すことで，「外見や文化，言語は異なるが，自分たちと同じように家族や友だちを愛し，泣いたり笑ったりして一生懸命生きている同じ人間だ」という気づきを児童に持たせることができるのです。このような活動の積み重ねは，やがて国際理解や平和教育につながることでしょう。

3. 異文化に触れることで自文化に目を向ける

「異質性」「同質性」への気づきを促せること以外に期待できることは，異文化に触れることで，自文化に気づかせることができることです。

外国の生活との比較対象として，「それでは日本では，あるいは自分たちの町ではどうだろう」と考えさせるわけです。それは，外国語に触れることで日本語に関する新たな気づきを持つことと似ています。したがって，「わが町紹介／日本紹介」というテーマにおいては，地域や日本の文化に気づかせるということもねらいの1つとなります。

4. 授業展開のポイント

「わが町紹介」のような単元でのゴールは，自分たちの町について調べたことを発表したりクイズとして出題したりすることです。しかし，子どもたちが英語で発表するということは，大人（教師）が想像している以上にハードルが高いものです。発表のためにくり返し練習し，記憶したことを再生させるだけの活動では，発表するというタスクが終了したとたん忘れてしまいます。丁寧にインプットされたことがそのうちにアウトプットされるということを念頭に置き，まずは教師側からの発表や紹介を楽しむというインプット活動が重要です。

そこで，単元の初めに，日本の地理や文化を題材にして教師主導でクイズや発表などを行います。そして，「自分たちの住んでいる町について同じような活動をしてみよう」と投げかけ，教師主導の活動の中で聞いた英語を参考にして発信につなげます。自分たちが住んでいる地域の自然，特産物，伝統行事などについて調べ，それを表す英語表現に慣れ親しみながら，最終的に調べたことをアウトプットするという流れになります。

単元最後の発表については，プレゼンテーションソフトを利用した発表が一般的ですが，その際は対象を意識しなければなりません。

発表する相手がALTや地域に住んでいる外国人などであれば，子どもたちも自分たちの町のことを伝えたいという意欲が喚起されます。しかし，同じクラスの友だちに対して発表するということになれば，発表の中味も自分たちの町のこともよく知っている相手ということになり，伝えようという気持ちが起きにくくなります。

その際は，グループごとに調べたことをクイズにして出題するということも考えられます。また，6年生が5年生にというように，異なる学年に発表したり，授業参観に合わせて保護者に聞いてもらったりというように，「伝えたい」「聞きたい」という

気持ちが高まるように伝える相手を工夫することが必要です。
　いずれにしても，教師からのインプットを参考にアウトプットにつなげることと，調べたことを伝えたいという相手意識を持たせることの2点がポイントです。

5. 指導の流れ…インプットからアウトプットへ

❶ 日本の自然, 特産物, 有名なものなどについて児童とやり取りをする。

ア　日本クイズ

　富士山，スカイツリー，東京タワー，都庁，盆踊り，ひな人形，七夕飾り，寿司，お好み焼きなど，日本を代表するようなものの写真を使ってクイズ大会をします。写真にモザイクをかけるような加工をし，教師が"What's this?"とたずねたり，その高さや長さを英語で考えさせたりします。"What's this?"とたずねるからには，パッと見てそれが何であるかわからないという状況（information gap）を作り出す必要があります。また，建物の高さや川の長さをやり取りする中で，"hundred"，"thousand"などの大きな数を取り扱う必然性を持たせることもできます。

◆教師の英語例

> ①（モザイク写真を見せながら）What's this? It's in Tokyo. Do you know this? Yes, it's Tokyo Skytree. We have a tall tower in Tokyo. How tall is Tokyo Skytree? It's 634 meters tall. Which is taller, Tokyo Tower or Tokyo Skytree?
> ②What is the longest river in Japan? The Shinano River is 367 km long.
> ③This is "sushi." I like sushi. It's delicious! Do you like sushi?

イ　担任のお気に入りの地方，ALTの出身国の紹介をする。

　最終的には子どもたち自身が自分たちの住んでいる都道府県や市区町村のお気に入りのもの（場所，建物，特産物，自然，行事など）を紹介することをイメージし，日本の中で教師のお気に入りのものを紹介します。ALTの協力が得られる場合は，ALTの出身国のものやことについてプレゼンテーションしてもらうのもいいと思います。教師がモデルを示し，自分たちの発表の参考にさせることが重要です。

◆教師の英語例

> This is a picture of Mt. Fuji. Do you know this mountain? I climbed Mt. Fuji last year. I was very tired, but I enjoyed very beautiful sight on the top of the mountain. How high is Mt. Fuji? Yes, it's 3,776 meters high. Thank you.

❷ **地域の自然，特産物，有名なものについて調べさせる。**

　自分たちが住む町のお気に入りのものや有名なものなどについて，グループごとに調べさせます。プレゼンテーションソフトを活用し，発表やクイズ出題ができるようにします。総合的な学習の時間で取り組んだものをそのまま活用してもよいでしょう。

❸ **発表やクイズに必要な英語表現に慣れさせる。**

　最終的な発表会は，ALTや他学年児童，保護者などへのわが町紹介発表，クラスのグループごとのわが町3択クイズなどの形式が考えられますが，そのゴールに向けてのかんたんな英語表現に慣れさせます。小学生という段階なので，英語表現はかんたんで短いものにしておくべきでしょう。

◇**児童の英語例**

> （プレゼンテーションの場合）This is ○○ Temple. In April, we have ○○ Festival at this temple. It's very famous.
> （クイズの場合）What's this? I'll give you 3 hints. Hint number 1. It's sweet. Hint number 2. It's in the airport. Hint number 3. It's 120 yen....Yes! It's a ○○ Manju. I like ○○ Manju!

❹ **調べたことの発表やクイズ大会を楽しませる。**

　グループで協力させながら，慣れ親しんだ英語を使って発表やクイズ大会を楽しませます。1人1文の発表でよいので，頑張れば到達できるゴールを設定し，子どもに達成感を味わわせたいものです。

（宗　誠）

6 異文化理解を「教える」とは
～なぜ異文化理解が必要なのか～

新教材関連Unit
5年：Unit 6
6年：Unit 2・7

　国際化が進展するこれからの日本を生きぬく日本人を育成する上で，広い視野を持つこと，異文化に対して理解を深めること，異なる文化を持つ人々とともに協調して生きていく態度をはぐくむことは極めて重要なことです。新学習指導要領においては，外国語活動が中学年に導入され，高学年では外国語科として教科化がなされましたが，異文化教育は以前から総合学習や道徳の時間の中でも長く指導されてきています。さて，異文化理解教育を考えるうえで重要なことは，異文化について多くを見聞きし知識をたくさん得ることが目的であり，いわゆる「もの知り」を育てることではないということです。例えば，英語圏の児童の学校生活についての視聴をしたとします。児童が「そうか，こんなに違うんだ」と思って終えてしまうのは，異文化を「知ること」にはなりますが，「理解すること」にはなりません。異文化について，そこに込められた人々の願いや多様な考え方，様式について想像し，受容し，自分なりの考えを持って尊重する。そして，では自分たちはどうなのだろう，似ている点もあるのだなと，改めて自らの文化と照らし合わせる経験につなげていきます。このように，相違点だけでなく共通点についても考えを深め，最終的には両者を客観的に見られる視点を得ることによって日本人として自分なりの世界観を持てるようになることが求められているのです。

　外国語教育においては，『広い視野を持ち，異文化を理解するとともにこれを尊重する態度や異なる文化をもった人々と共に生きていく資質や能力』の育成について中央教育審議会答申で示されています。これらを児童に身につけさせるためには，教師が改めてこの新しい目標を鑑みた視点を持ち，担当する児童の実態に応じてさまざまな手立てを工夫することが必要となってきます。児童が知り得た情報や考えなどを基にし，自分の思いや考えとして深められる体験的な言語活動を，授業の中に仕掛けていくことが重要です。

1. 教科書で異文化理解を「教える」ために～具体的な実践例を通して～

　『外国語を学ぶことに興味や関心をもち，外国語を通してどのように社会や世界と関わり，生涯にわたって学んだことをどのように生かせるかについて，見通しをもって粘り強く取りくめる』[1]ようになるために，新教材や教科書には児童の発達段階に応じて，身の回りのことから社会や世界とのかかわりに視点を進められていけるようにするための題材（コンテンツ）が盛り込まれていくことになるでしょう。

　異文化理解をテーマとした題材を通して，教師はどのような視点で授業を展開して

いくことが望ましいかについて述べたいと思います。

例①外貨とレート

気づき	世界各国の外貨（紙幣やコイン）の画像を見比べ，児童はたくさんの相違点に気づく。教師はその気づきを拾い上げ，板書してコメントするなどしながら，気づけたことについて認め称賛する。児童1人ひとりのこれらの気づきを全体で共有できる場を設けてもよい。
対話的な学び	・なぜ世界には異なる通貨が存在するのかについて考えさせる発問をする。そして，ペアやグループでの話し合い活動につなげていく。 ・児童が，「お金」という点で同質性価値を見出し相違点ばかりでなく共通点にも気づけたらそのことを認め称賛する。そのうえで，「レート」の存在を教える。 ・児童どうしで協働的に実際のレート換算などを行う体験活動を行い，事後の活動としては意見交換の場などを設ける。
世界観の深まり	・為替レートが，異なる互いの文化を認め，折り合いを付けているひとつの良い例であることに気づくことができたら素晴らしい。 ・振り返りカードのコメントや感想を精査することで評価することもできる。

例②世界のことばでハッピーバースデイ！

気づき	世界各地の言語で「誕生日おめでとう」をどのように言うのか，どのように書いて表すのかを視聴し，学習する。世界にはさまざまな言語があることは知っているかもしれないが，今回は「誕生日」に焦点を合わせて考える場としたい。児童にとって身近で親しみのある1つの表現が，世界規模で考えると，たくさんの発音や文字表記があること（相違点）に児童は気づき，興味を持つであろう。
対話的な学び	・互いに感じたことを伝え合う言語活動の場を設ける。ここで重要なことは，世界中のどこの文化においても，誕生日を祝う気持ちは同じであるという同質性に気づかせることである。 ・また発展として，タイでは誕生日に加え誕生色という概念があり，みな自分の誕生色を知っていてさまざまな文化活動につながっていることを学ぶこともできる。
世界観の深まり	自分が何曜日に生まれたのかについてインターネットなどで調べ，自分の誕生日"My birthday is 〜."だけでなく誕生色"My birthday color is 〜."も英語で言えるようになりたいと，表現に対する意欲を持った児童を育成できる。

1　外国語ワーキンググループにおける審議のとりまとめ，2016年9月

例③世界の四季〜正反対と、そっくり〜

気づき	・日本の冬とオーストラリアの冬について、そりに乗るサンタクロースとサーフボードに乗るサンタクロースを比べるなどして、正反対の四季について、5年生の社会で既習の緯度についても絡めつつ児童は相違点を見い出す。 ・続いて、東京の春とワシントンDCの春や京都の秋とカナディアンロッキーの秋について画像や動画を視聴し、春に桜をめでる心、秋の紅葉から生まれる芸術などに関して、同質性に気づけるようにする。
対話的な学び	・異文化についての学びのあと、ペアやグループでの話し合い活動などにつなげることで児童がイメージマッピングや相違点と類似点にカテゴライズする課題を与えても1人ひとりの気づきを促せる。 ・相違点と同質性についての気づきを共有し合えるようにする。
世界観の深まり	異文化を知ったうえで改めて、自国の文化を誇りに思うことができ、1人の日本人として日本文化の良さについて考えられるようになることが、児童の世界観を深めることにつながる。

例④世界各国の発酵食品〜食生活という文化〜

気づき	日本には、"納豆・味噌・醤油"などの発酵食品があり、世界各国にもそれぞれの国独自の発酵食品があり、それぞれが、その土地の人たちの健康のために、先人の知恵や伝統的な文化によって形創られてきたものであることを児童は学ぶ。その中でたくさんの相違点や、類似する点を見出していく。
対話的な学び	児童の興味や関心に沿い、主体的な調べ学習などを通して異文化について理解を深めていく。(例えば、発酵食品のレシピ比べや効果・効能についてまとめるなど)
世界観の深まり	最終的には、児童は、日本、あるいは感心した他国の親善大使になりきって、選んだ国の良さを誇りに思っていることをアピールするプレゼンテーションに臨む。プレゼンテーションでは児童どうし(親善大使どうしの)相互評価も行うので、児童はこのような体験的な言語活動を通して、自国や異国の文化を互いに尊重し合う態度を身につけることができる。

例⑤ 世界のお正月（おせち）と民族衣装

気づき	お正月という1つのイベントに特化し，世界各国ではどのような衣服を着て，どんな料理を作り，どんなアイテムを使い，どのように祝っているのかなどについて，児童は動画や画像を視聴して知識を得る。
↓対話的な学び	互いに気づいたことを情報共有したり比較検討したりする話し合い活動などを経て，例えば，ヨーロッパとの相違点だけではなくアジア圏との類似点についても気づきをクラス全体で共有していく。
↓世界観の深まり	日本の"福笑い"ととても似ている"Donkey"という遊びや，"すごろく"と似ている"Snake & Ladder Game"についても紹介し，言語は異なっても，遊びという視点で探すと世界にはたくさんの類似点（同質性）があることを教えることができる。

2. 異文化理解を「教える」ことにより，児童に期待される変容とは

　これまでに述べたように，どちらが正しくどちらかが間違っているのではなく，違いを認識する力，相互に共通しているところを見つけられる力，相互の歴史的な伝統や多元的な価値観を尊重しようとする態度をはぐくむことが，異文化理解教育には欠かせないものです。これを実現するためには，教師が児童にどのように題材（コンテンツ）を提供し，そのような着地点を見据えたうえで，授業を展開してゆくことが重要となってきます。

　最後に，1つの実践例をあげます。6年生児童が，台湾の同学年児童とSkypeを利用して異文化理解活動を行いました。互いに15分ずつ，実演型の文化紹介をかんたんな英語を使って行いました。事後の児童のアンケートには，次のような意見がありました。「今何時か聞いて，本当に1時間違うのでびっくりした【気づき】。社会で経度とか時差を習ってもよくわからなかったけど【CLILの視点】，家に帰って地球儀をよく見てみたら【主体的な学び】どっちもやっと理解できた」，また，「"二人羽織り"は，Down! Right! とかのかんたんな英語だけでできるから選んでよかった【相手意識】，台湾の子が爆笑し，今度やってみると言われ嬉しかった【互いの文化を尊重する態度】」。このように，体験的な言語活動は異文化理解教育に大変有効であることがわかります。期待される学習効果を，教室にいながらにして，《異文化理解について教える》ことを可能にさせてくれるのが教科書であり，題材を扱う教師の視点と手立ての工夫に掛かっています。

（櫛田亜季）

7 児童生徒に効く小中連携を

新教材関連Unit
6年：Unit 9

　小学校で外国語活動が始まって以来，小学校と中学校のスムーズな連携が必要であると言われることがよくあります。また，研究会や研修で連携について取り上げられることもありますが，なかなか進んでいないという声も聞かれます。新学習指導要領において小学校で英語に触れる時間が長くなるこの機会に，連携のあり方について改めて考えてみましょう。

◆どんな連携が必要か

　手元の本や報告書などをめくって，どのような小中連携をしたかについて書いてある箇所を探してみたら，以下のような例が見つかりました。
- 定期的に教員が会合を持ち，情報交換をする。
- 使用している教科書やテキスト等を分析し，指導内容の系統性を把握する。
- 小中を見通したカリキュラムを作成する。
- 文字指導やプレゼンテーションなど，特定の指導内容について小中一貫した指導計画を作成する。
- 教員が互いの学校に行って授業を行う。

どれもそれぞれに効果があることと思われます。

　定期的に顔を合わせて情報交換を行ったり，共通の年間計画表などを作ったりするに越したことはないでしょうが，難しいと感じる人も多いのではないでしょうか。小中の両方を指導する教員やALTがいれば，その人を要として情報交換や連携を行うこともできるでしょう。しかし，校舎などを共有する一体型の小中一貫校でない限り，小学校と中学校の教員は別々の場所にいて，ふだんはほとんどかかわりなく教育活動を進めています。朝から夜遅くまで校務や授業に携わったり，授業準備や児童生徒のトラブルのサポートに追われたりと，目の回るような忙しい毎日を過ごしている教員がほとんどでしょう。できることならば費やすエネルギーは小さく，小中連携の効果は大きくありたいものです。さらに言うならば，小学校は小学校の学習指導要領に則った授業を行い，中学校は中学校でやるべきことをやった結果，児童生徒の学びはつながっていた…というのが理想ではないでしょうか。小中一貫校や2つ以上の学校を教える教員がいるなどの環境以外の，いわゆる「普通」の学校ができるだけ小さな努力で，効果的な連携をするにはどのようなことをしたらよいかあげてみます。

❶ 互いを尊重する

　なんだ精神論かと思われるかもしれませんが，そうでもありません。やはり互いを重んじることは人間関係の基本です。ともすると，「小学校では楽しい遊びしかやっていないようだ」「中学校では堅苦しい勉強ばかりで生徒が英語嫌いになってしまうのでは」など，お互いに不信感を持って色眼鏡で見るようなことはないでしょうか。そんな気持ちは，知らず知らずのうちに態度に出ていたり，子どもに悟られたりしているかもしれません。教員はみな精一杯に児童生徒と向き合っています。まずはお互いの教育活動に敬意を払いましょう。

❷ 互いを知る

　不信感は互いを知らないことから生まれます。実際に会うのが難しくても，せめて地区の学校が使っている教科書やテキストをめくってみましょう。例えば小学校が聞いたり話したりする活動をたっぷりやっていることがわかれば，それを活かして中学校につなごうという授業のアイデアが生まれてくるでしょう。また，中学校の教科書にも歌が載っていることがわかったら，小学校でもっと英語の歌を歌って，歌好きにさせておこうか，などと思うかもしれません。

　実際に会って話したり，お互いに授業を参観したりすることができればさらによいでしょう。授業を見れば「小学校の先生は教材作成が上手だ」「中学校の先生は練習量を増やす活動をよく知っている」など，良いところが次々と見えてくるでしょう。「自分が中学生のときの英語の授業と違う」というのもよく聞かれる感想です。小学校から中学校への学びのつながりが見えてきたら，自分の授業もなんとなく変わるかもしれません。学校どうしの時程の違いや空き時間の有無などで，なかなか難しいものですが，授業参観の効果は抜群です。

　けれども，もしかしたら一度見ただけではよくわからないかもしれません。授業を見合う機会を作るためには，管理職を含め学校全体が協力して，教員が授業参観に行く時間の融通をつけたり，研修を支援したりといったサポートが望まれます。また，授業公開をする際に，地域の異校種の教員に参加を呼びかけるのもよいでしょう。教育委員会など行政の支援が期待されます。

　最近は，地域の教育委員会などが，動画サイトや自己のウェブサイトに優れた教員の授業の動画を掲載していることがあります。文部科学省も平成22年と26年に『新学習指導要領に対応した外国語活動及び外国語科の授業実践事例映像資料』として，小学校から高校までの授業のDVDを配布しました。実際に出向くこと以外にも，授業を見る機会が見つかるかもしれません。

❸ 正しく理解し，自分の授業に活かす

　前項で「互いの授業を一度見たくらいではわからないかもしれない」と書きましたが，自分が当たり前と思っている価値観や視点から自由になって授業を見るのはなかなか難しいものです。

　例えば，中学校の立場から見ると，その時間で定着させるべき表現が時としてはっきりしない小学校の外国語活動は，なかなか理解し難いものです。中学校の英語の授業では，ことばの働きと場面を大切にしながらも，その単元や時間で必ず習得させるべき表現や語彙があります。しかし，小学校では設定された場面の中でコミュニケーション活動を行わせることが主眼であり，そのために必要な表現を選択して子どもに使わせます。いわば，中学校では文法シラバスが主体であり，小学校では話題シラバスやタスクシラバスなどが優先されるのです。このような違いを踏まえておかないと，お互いの授業のねらいや活動の意図が理解できせん。

　また別の例をあげると，よく中学校の先生は「せめてアルファベットは書けるようにしておいてほしい。ローマ字はヘボン式で学んできてほしい」というようなことを言います。しかし，小学校でのローマ字の扱いは，訓令式を主として中学年でわずか3〜4時間程度であり，しかも日本語の音を表記する手段として教えます。学校や教員の教え方にもよりますが，日本語の音を表す手段ですから，使用しない文字もありますし，「か」をkaと書くことを学んだからといって，児童がkの文字が表す音を理解したとも限らないのです。新しい学習指導要領では小学校でも読んだり書いたりする活動が始まりますが，外国語活動・外国語科の時間の英語としてのアルファベットの扱いと，国語でのローマ字指導，さらにはパソコン入力の場合などではアルファベットの扱いが異なり，児童にはとても難しいのです。中学校の教員がこのことを知っておけば，お互いの理解にとても役に立つでしょう。

　以上にあげたのはあくまで例です。ほかにも小学校と中学校でさまざまな考え方や指導内容の違いがあることでしょう。「どうしてこうなのだろう」「こうしてくれればいいのに」と言いたくなったら，たずねたり調べたりしてさらにお互いを理解しましょう。

　小中お互いの指導の様子がわかってくれば，自分の授業も多少なりとも変わってくるのではないでしょうか。お互いの授業が歩み寄れば，小中間をつなぐ段差が小さくなり，児童生徒がスムーズに成長の階段を登れるようになる可能性もあります。

❹ 余裕があれば…

　学校どうしが近かったりして，一緒に何かを行うのが難しくない場合は，教師がお互いの学校に授業をしに行ったり，児童生徒が一緒に受ける授業を設定するのもよい

でしょう。筆者が勤務する宮崎大学の附属小学校と中学校では，学年末に中学校1年生が小学校6年生に対して英語でプレゼンテーションをしたり，一緒に英語で会話をしたりして楽しむイベントを行っています。わずか1時間ですが，毎年行うと大きな効果があることがわかってきました。6年生は「中学生ってすごいな」「自分もあんなふうになりたい」と思い，中学生になったら「自分も上手に英語を話しているところを見せたい」と勉強に励みます。互いに交流することにより，小学生の中学校への不安も減ります。

　ほかにも，負担にならない程度に，教員どうしあるいは児童生徒が触れ合う機会を持つとよいでしょう。お互いにことばで人と真摯にかかわることを教えている教員たちです。まずは自分たちから信頼し合い，理解し合って，児童生徒の効果的な学びに資する連携ができるよう努力していきたいものです。

(アダチ徹子)

8 「道案内」はプログラミング教育の"はじめの一歩"

　2020年から，小学校において英語が教科化されます。また，プログラミング教育も始まります。プログラミング教育は，初めての試みになる先生が多いのではないでしょうか。また，どのように指導を始めればよいか困っている先生もいらっしゃると思います。そこで，小学校英語の「道案内」の単元をプログラミング教育に取り掛かるはじめの一歩にすることをお勧めします。

1. なぜプログラミング教育を始めるのか

　現代では，子どもたちの生活の中にコンピュータはあふれています。幼い頃からコンピュータや人口知能（AI）を使いこなす子どもたちは，"デジタルネイティブ"と呼ばれることさえあります。また，大人になってからどんな職業についたとしても，まったくコンピュータに関わらない仕事はないのではないでしょうか。そのような現代の子どもたちに，コンピュータは「ある意図をもって設定するもの」「設定されていること以外のことはできない」という基礎的なことを教えることは，"コンピュータに依存する人間"ではなく，"主体的に使う人間"に育てるために必要なことだと考えます。

　子どもたちが毎日食べる米を「工場で作っている」などと思わないように，社会科で米作りについて学習します。実際に，田植えなどを体験させることもあります。そうすることにより，米作りに関わる人々の苦労や工夫について学習させます。理科では，水の三態などの実験をして，身近な事象の起こるわけを理解させます。そのような身近な事象のひとつとして，コンピュータが身近な生活に入ってきたと考えれば，小学校でプログラミング教育に取り組み，コンピュータの仕組みを教える必要性があることも理解できるのではないでしょうか。

　イングランド，ロシア，ハンガリーなどは，プログラミング教育が小学校の教科としてすでに実施されています[1]。アメリカのオバマ元大統領が2013年に「ビデオゲームを買う代わりに，自分で作ってみよう。最近のアプリをダウンロードする代わりに，デザインしてみよう。プログラミングを学ぶことはあなたの未来のためだけじゃない。国の将来がかかっているのだ。」と述べ，プログラミング教育に多額の投資をしたことは大きな話題になりました。イスラエルなど中東でもプログラミング教育に力を入れて

1　平成26年度　文部科学省委託事業「諸外国におけるプログラミング教育に関する調査研究」
文部科学省「小学校段階におけるプログラミング教育の在り方について（議論のとりまとめ）」平成28年6月16日小学校段階における論理的思考力や創造性，問題解決能力等の育成とプログラミング教育に関する有識者会議
「親子で始めるプログラミング教育」株式会社バンタン未来の仕事研究所　KADOKAWA
コンピュータサイエンス教育NPO Code.org

おり，世界的な視野から見れば，日本の取り組みは先進的とは言えない状況です。

2. プログラミング教育の意図は

　小学校でプログラミング教育を行い，優秀なプログラマーを育てるの？と思われる先生もいるかと思います。もちろん，プログラミングに興味・関心をもち，IT企業を支えるような優秀な人材が育つこともあると思います。しかし，プログラミング教育はプログラマーを育成するためではなく，子どもたちの「プログラミング的思考」を育成するために行います。プログラミングをする際には，子どもたちはキャラクターやロボットに「こういう動きをさせたい」という主体的な意図をもちます。その意図を実行するためには，どの指示ブロックをどういう順番で並べればよいかを考えなくてはなりません。動かしてみて失敗した原因を考え，試行錯誤します。友だちと情報交換し合い，一緒に考える場にもなります。そういう活動を通して論理的思考力や問題解決能力を高めることが，「プログラミング的思考」を育成することになります。

3. 小学校英語「道案内」はプログラミングの"はじめの一歩"

　建物や道案内の表現を学習する単元では，Where do you want to go? I want to go to ～. Go straight. Turn right[left]. Stop. などを使ってやり取りができるようにします。そして，物の場所や位置を表すon [in / under / by] the (desk) などの表現を理解させます。さらに，Where is the treasure? とたずねあい，物のある位置を聞き取ったり，伝えたりできるようにします。

　これまでの道案内の学習では，子どもたちに「外国の人に，道をたずねられることなんかない」「外国に行かないから，覚えなくても…」などと言われた先生もいるのではないでしょうか。「道案内の単元で学習した表現を生かして，プログラミングに挑戦しましょう」と言えば，きっと子どもたちは目を輝かせて取り組みます。道案内で習った英語を，すぐに活用することができるからです。

　子どもたちにとって，英語の学習がプログラミング教育の"はじめの一歩"となり，世界の友だちとつながるツールとして活用されることを願っています。

4.「道案内」の発展として無料でできるプログラミングの紹介

　プログラミング教育に取り組みたいけど，予算がないから…と，思っていませんか。学校の視聴覚室や教室にパソコンまたはタブレット端末があれば，すぐに始められま

す。プログラミングができる無料のサイトやアプリがたくさんあるからです。その一部をご紹介します。

（1） Code.org

アメリカのハディとアリ兄弟が作ったコンピュータサイエンス教育NPOのサイトで，誰でも無料でプログラミングを学習することができます。studio.code.orgと検索してください。初級からコース別になっていて，いろいろなキャラクターを選んで取り組むことができます。人気があるのは，映画のキャラクターのようです。使用言語は日本語でもできますが，英語を選択して取り組ませましょう。

（2） Scratch Jr

ミッチェル・レズニック氏により開発され，阿部和広氏が日本語版を製作したことにより，全国的に普及しています。NHKスクールの「Why?プログラミング」という番組も阿部氏が監修し，プログラミングの方法やしくみが学べます。この Scratch Jr
は，自分の作ったプログラミングを世界に発信し，世界中の人々と共有したり，感想を伝え合ったりすることができます。そのため，英語を使う必然性が高まり，子どもたちの英語学習への意欲を高めています。

（3） Playgrounds swift

Apple社が作ったプログラミングを学べるアプリです。指示ブロックではなく，英語表記により，プログラミングを行います。また，プログラミングの基礎的な技術や用語を系統的に学ぶことができます。英語とプログラミングを学べる一石二鳥のアプリです。

　小学校教員を目指して大学で学んでいる頃，小学校で英語やプログラミングを教えるとは，きっと考えてもいなかったことと思います。
　デューク大学のデビットソン氏は，「2011年度にアメリカの小学校に入学した子どもたちの65％は，大学卒業時に今は存在していない職業につくだろう」と予測しています。未来に生きる子どもたちに必要な力をつけるためには，教育を司る私たちの研鑽が求められているのだと思います。重責を感じつつ，どこから取り組めばよいか困っている先生方にとって，「道案内」の単元が，プログラミング教育への"はじめの一歩"になることを願っています。

（福岡なをみ）

巻末資料

資料❶ 授業で使える表現集 ………… 74

資料❷ 新学習指導要領(外国語) ……… 82

資料❸ 新学習指導要領(外国語活動) … 90

巻末資料❶ 授業で使える表現集

❖ 教室英語

1. 始めのあいさつ　　　　　Opening greetings

(1) みなさん，おはようございます［こんにちは］。　　Good morning [afternoon], everyone.
(2) 英語の時間です。　　Let's start English class!
(3) 今日の調子はどうですか。　　How are you today?
(4) 今日は何曜日ですか。　　What day is it today?
　　―金曜日です。　　―It's Friday.
(5) 今日は何月何日ですか。　　What's the date today?
　　―4月25日です。　　―It's April 25th.
(6) 今日の天気はどうですか。　　How's the weather today?
　　―晴れています。　　―It's sunny.

2. 基本表現　　　　　Classroom expressions

(1) 準備はいいですか。　　Are you ready?
(2) 始めましょう。　　Let's begin. / Shall we begin?
(3) 私［これ］を見なさい。　　Look at me [this].
(4) 絵カードを見なさい。　　Look at the picture card.
(5) CD［アリソン先生の話］を聞きなさい。　　Listen to the CD [Alison *sensei*].
(6) 私のあとについてくり返しなさい。／いっしょに言いましょう。　　Repeat after me. / Let's say it together.
(7) 大きな声で話しなさい。　　Louder, please. / Speak up.
(8) テキストの6ページを開きなさい。／テキストを閉じなさい。　　Open your textbook to page six. / Close your textbook.
(9) 絵を指さしなさい。　　Point to the picture.
(10) はい，どうぞ。　　Here you are. / Here you go.
(11) ワークシートに名前を書きなさい。　　Write your name on the worksheet.
(12) 絵［線］を描きなさい。　　Draw a picture [line].

(13) 手をあげなさい。/ 手を下ろしなさい。　　　Raise your hands. / Put your hands down.

(14) こちらに来なさい。　　　Come here.

(15) もう一度言ってください。　　　Pardon me? / Could you say that again?

(16) 「リンゴ」は英語で何と言いますか。　　　How do you say "ringo" in English?

(17) リンゴを塗りなさい［丸で囲みなさい］。　　　Color [Circle] the apple.

(18) 「リンゴが好きですか」と私にたずねなさい。　　　Ask me, "Do you like apples?"

(19) グループで話し合いなさい。　　　Talk in your group. / Discuss it in groups.

(20) 残りあと１分です。　　　One minute left.

(21) 静かにしなさい。/ 話をやめなさい。　　　Be quiet. / Stop talking.

(22) 立ちなさい。/ 座りなさい。　　　Stand up. / Sit down.

(23) 鉛筆を置きなさい。/ 片付けなさい。　　　Put your pencil [things] away.

(24) 席に戻りなさい。　　　Go back to your seat.

3. ほめる　　Praising

(1) 正解です。　　　That's right!

(2) よくできました。　　　Good! / Great! / Good job! / Well done!

(3) 素晴らしい。いいね。　　　Wonderful! / Excellent! / Marvelous! / Fantastic! / Super! / Perfect!

(4) いいアイディアですね。　　　Good idea!

(5) 彼［彼女］に拍手しましょう。　　　Let's give him [her] a big hand.

4. 励ます　　Encouraging

(1) よくがんばったね。　　　Nice try! / Good try!

(2) 惜しい。　　　Close! / Almost!

(3) がんばって。　　　Good luck! / Do [Try] your best!

5. ゲームや活動の開始 — Starting games and activities

(1) ゲームをしましょう。／歌を歌いましょう。 Let's play a game. / Let's sing a song.

(2) クレヨンを持っていますか。 Do you have crayons?

(3) はさみが必要です。 You need scissors.

(4) 教科書を取り出しなさい。 Take out your textbook.

(5) 机を寄せなさい。 Put your desks together.

(6) 消しゴムを2人の間に置きなさい。 Put an eraser between you and your partner.

(7) 教科書を片付けなさい。 Put your textbook away.

6. ゲームや活動 — Games and activities

(1) 1[2]列になりなさい。 Make one line [two lines].

(2) 4チームに分かれなさい。 Make four teams.

(3) 5人組をつくりなさい。 Make groups of five (students).

(4) ペアになりなさい。 Make pairs. / Get into pairs.

(5) 相手を代えなさい。 Change partners.

(6) 向かい合いなさい。 Face each other.

(7) 円になりなさい。 Make a circle.

(8) 歩き回って相手を見つけなさい。 Walk around and find a partner.

(9) できるだけたくさんの友だちに話しかけなさい。 Talk to as many friends as possible.

(10) 前に来なさい。 Come to the front.

(11) やりたい人はいますか。／手伝ってくれますか。 Any volunteers? / Can you help me?

(12) 役割を交代しなさい。 Change [Switch] roles.

(13) じゃんけんをしなさい。 Do *janken*.

7. カードゲーム   Card games

(1) カードを取り出しなさい。   Take out your cards.
(2) カードの表を上［下］にして置きなさい。   Put your cards face up [down].
(3) カードを掲げなさい。   Hold up your cards.
(4) カードをだれにも見せてはいけません。   Don't show your card to anyone.

8. ゲームや活動の終わり   Ending games and activities

(1) 終わったら，座りなさい。   When you are done, sit down.
(2) いくつビンゴができましたか。   How many bingos do you have?
(3) 何ポイント取れましたか。   How many points did you get?
(4) だれが勝ちましたか。   Who won?

9. 終わりのあいさつ   Closing greetings

(1) 今日はこれで終わります。   That's all for today.
(2) 今日の授業は楽しかったですか。   Did you enjoy today's class?
(3) また次回会いましょう。   See you next time.
(4) さようなら。   Goodbye. / See you.

巻末資料 ❶ 授業で使える表現集

❖ 小学校英語表現

| 5 年 | 6 年 |

1. 自己紹介

- ☐ Hello, I'm (Saki). Nice to meet you.
- ☐ My name is (Kosei).
- ☐ How do you spell it?
  —K-O-S-E-I.
- ☐ I like [don't like] blue.
- ☐ What (sport) do you like?
- ☐ I like soccer very much.
- ☐ I have (old balls). I want (a new ball).

1. 自己紹介

- ☐ I'm from (Shizuoka). My nickname is (Ken).
- ☐ I [like / play] (soccer).
  I can (play soccer well).
- ☐ I want to go to (Brazil).
- ☐ I want to watch (soccer games).
- ☐ My birthday is (August 19th).
- ☐ What (subject) do you like?

2. 誕生日

- ☐ When is your birthday?
  —My birthday is (August 19th).
- ☐ Do you like (soccer)?
  —Yes, I do. / No, I don't.
- ☐ Do you want (a ball)?
- ☐ What do you want for your birthday?
- ☐ I want (a pen). Here you are.
- ☐ Thank you. You're welcome.
- ☐ Happy birthday!

2. 日本紹介

- ☐ Welcome to Japan.
- ☐ In (summer), we have (the Star Festival).
- ☐ I [like / enjoy] (*rakugo*).
- ☐ Why do you like it?
- ☐ We have (*sushi*). It's delicious.

5 年	6 年

3. 学校生活

- ☐ Do you have (P.E.) on (Monday)?
  —Yes, I do. / No, I don't.
- ☐ What do you have on (Monday)?
  — I study (math).
- ☐ Are you (a teacher)?
  —Yes, I am. / No, I'm not.
- ☐ I'm (a nurse).

3. 有名人紹介

- ☐ I am (Ken). I [like / play] (baseball).
- ☐ I [have / want] (a new ball).
- ☐ I eat (spaghetti). I study (math).
- ☐ I can [swim / cook / skate / ski / sing / dance].
- ☐ I can (play baseball well).
- ☐ Who is this?
  —[He / She] is [famous / great].

4. 一日の生活

- ☐ What time do you (get up)?
- ☐ I usually (get up) at (7:00).
- ☐ I always (wash the dishes).

4. わが町紹介

- ☐ We [have / don't have] (a gym).
- ☐ We can (play basketball).
- ☐ We can enjoy (jogging).
- ☐ (Sakura-cho) is a nice town.

5. できること

- ☐ Can you (sing well)?
- ☐ Yes, I can. / No, I can't.
- ☐ [I / You / He / She] [can / can't] (sing well).

5. 夏休みにしたこと

- ☐ I went to my (grandparents' place).
- ☐ It was (fun).
- ☐ I enjoyed (fishing).
- ☐ It was (exciting).
- ☐ I saw (the blue sea).
- ☐ It was (beautiful).

5年	6年

6. 行ってみたい国

- ☐ Where do you want to go?
- ☐ I want to go to (Italy).
- ☐ Why?
- ☐ I want to [see / go to / visit] (Colosseo).
- ☐ I want to eat (spaghetti).
- ☐ I want to buy (a soccer ball).
- ☐ You can (play soccer).
- ☐ It's (cool).

6. スポーツ

- ☐ What sport do you watch?
- ☐ I want to watch (wheelchair basketball) on TV.
- ☐ Why?
- ☐ I like (basketball).
- ☐ (He) is good at (playing tennis).
- ☐ (He) is a great (tennis player).

7. 道案内

- ☐ Where is the treasure?
- ☐ Go straight (for three blocks).
- ☐ Turn [right / left] (at the third corner).
- ☐ You can see it on your [right / left].
- ☐ It's [on / in / under / by] (the desk).

7. 小学校生活の思い出

- ☐ What's your best memory?
- ☐ My best memory [is / was] (our school trip).
- ☐ We [went to (Kyoto)] / ate (Japanese foods) / saw (old temples) / enjoyed (the trip)].

8. 食べ物

- ☐ What (food) would you like?
- ☐ I'd like (spaghetti).
- ☐ This is my special menu.
- ☐ What's your special menu?
- ☐ It's for (my brother).
- ☐ How much?
- ☐ It's (100 yen).

8. 将来の夢

- ☐ What do you want to be?
- ☐ I want to be (a vet).
- ☐ Why?
- ☐ I like (animals).
- ☐ I can (save animals).
- ☐ That's good.
- ☐ Good luck.

5年	6年

9. あこがれの人

☐ Who is your hero? This is my hero.
☐ [He / She] is good at (playing tennis).
☐ [He / She] is a good (tennis player).
☐ [He / She] can (cook well).
☐ [He / She] is (kind).
☐ Can [you / he / she] (play baseball well)?
☐ Are you a good (baseball player)?
☐ Why?
☐ [He / She] is (cool).

9. 中学校生活にむけて

☐ I want to [join (the soccer club) / study hard / read many books / make many friends].

巻末資料❷ 新学習指導要領(外国語)

第10節 外　国　語

第1　目　標

　外国語によるコミュニケーションにおける見方・考え方を働かせ，外国語による聞くこと，読むこと，話すこと，書くことの言語活動を通して，コミュニケーションを図る基礎となる資質・能力を次のとおり育成することを目指す。

(1) 外国語の音声や文字，語彙，表現，文構造，言語の働きなどについて，日本語と外国語との違いに気付き，これらの知識を理解するとともに，読むこと，書くことに慣れ親しみ，聞くこと，読むこと，話すこと，書くことによる実際のコミュニケーションにおいて活用できる基礎的な技能を身に付けるようにする。

(2) コミュニケーションを行う目的や場面，状況などに応じて，身近で簡単な事柄について，聞いたり話したりするとともに，音声で十分に慣れ親しんだ外国語の語彙や基本的な表現を推測しながら読んだり，語順を意識しながら書いたりして，自分の考えや気持ちなどを伝え合うことができる基礎的な力を養う。

(3) 外国語の背景にある文化に対する理解を深め，他者に配慮しながら，主体的に外国語を用いてコミュニケーションを図ろうとする態度を養う。

第2　各言語の目標及び内容等

英　語

1　目　標

　英語学習の特質を踏まえ，以下に示す，聞くこと，読むこと，話すこと［やり取り］，話すこと［発表］，書くことの五つの領域別に設定する目標の実現を目指した指導を通して，第1の(1)及び(2)に示す資質・能力を一体的に育成するとともに，その過程を通して，第1の(3)に示す資質・能力を育成する。

(1) 聞くこと

ア　ゆっくりはっきりと話されれば，自分のことや身近で簡単な事柄について，簡単な語句や基本的な表現を聞き取ることができるようにする。

イ　ゆっくりはっきりと話されれば，日常生活に関する身近で簡単な事柄について，具体的な情報を聞き取ることができるようにする。

ウ　ゆっくりはっきりと話されれば，日常生活に関する身近で簡単な事柄について，短い話の概要を捉えることができるようにする。

(2) 読むこと

ア　活字体で書かれた文字を識別し，その読み方を発音することができるようにする。

イ　音声で十分に慣れ親しんだ簡単な語句や基本的な表現の意味が分かるようにする。

(3) 話すこと［やり取り］
　　ア　基本的な表現を用いて指示，依頼をしたり，それらに応じたりすることができるようにする。
　　イ　日常生活に関する身近で簡単な事柄について，自分の考えや気持ちなどを，簡単な語句や基本的な表現を用いて伝え合うことができるようにする。
　　ウ　自分や相手のこと及び身の回りの物に関する事柄について，簡単な語句や基本的な表現を用いてその場で質問をしたり質問に答えたりして，伝え合うことができるようにする。

(4) 話すこと［発表］
　　ア　日常生活に関する身近で簡単な事柄について，簡単な語句や基本的な表現を用いて話すことができるようにする。
　　イ　自分のことについて，伝えようとする内容を整理した上で，簡単な語句や基本的な表現を用いて話すことができるようにする。
　　ウ　身近で簡単な事柄について，伝えようとする内容を整理した上で，自分の考えや気持ちなどを，簡単な語句や基本的な表現を用いて話すことができるようにする。

(5) 書くこと
　　ア　大文字，小文字を活字体で書くことができるようにする。また，語順を意識しながら音声で十分に慣れ親しんだ簡単な語句や基本的な表現を書き写すことができるようにする。
　　イ　自分のことや身近で簡単な事柄について，例文を参考に，音声で十分に慣れ親しんだ簡単な語句や基本的な表現を用いて書くことができるようにする。

2　内　容
〔第5学年及び第6学年〕
〔知識及び技能〕

(1) 英語の特徴やきまりに関する事項
　　実際に英語を用いた言語活動を通して，次に示す言語材料のうち，1に示す五つの領域別の目標を達成するのにふさわしいものについて理解するとともに，言語材料と言語活動とを効果的に関連付け，実際のコミュニケーションにおいて活用できる技能を身に付けることができるよう指導する。

ア　音声

　　次に示す事項のうち基本的な語や句，文について取り扱うこと。

（ア）現代の標準的な発音

（イ）語と語の連結による音の変化

（ウ）語や句，文における基本的な強勢

（エ）文における基本的なイントネーション

（オ）文における基本的な区切り

イ　文字及び符号

（ア）活字体の大文字，小文字

（イ）終止符や疑問符，コンマなどの基本的な符号

ウ　語，連語及び慣用表現

（ア）1に示す五つの領域別の目標を達成するために必要となる，第3学年及び第4学年において第4章外国語活動を履修する際に取り扱った語を含む600～700語程度の語

（イ）連語のうち，get up, look atなどの活用頻度の高い基本的なもの

（ウ）慣用表現のうち，excuse me, I see, I'm sorry, thank you, you're welcomeなどの活用頻度の高い基本的なもの

エ　文及び文構造

　　次に示す事項について，日本語と英語の語順の違い等に気付かせるとともに，基本的な表現として，意味のある文脈でのコミュニケーションの中で繰り返し触れることを通して活用すること。

（ア）文

　　a　単文

　　b　肯定，否定の平叙文

　　c　肯定，否定の命令文

　　d　疑問文のうち，be動詞で始まるものや助動詞（can, doなど）で始まるもの，疑問詞（who, what, when, where, why, how）で始まるもの

　　e　代名詞のうち，I, you, he, sheなどの基本的なものを含むもの

　　f　動名詞や過去形のうち，活用頻度の高い基本的なものを含むもの

（イ）文構造

　　a　［主語＋動詞］

　　b　［主語＋動詞＋補語］のうち，

　　　　主語＋be動詞＋ { 名詞 / 代名詞 / 形容詞 }

c　［主語＋動詞＋目的語］のうち，

　　　主語＋動詞＋$\left\{\begin{array}{l}\text{名詞}\\\text{代名詞}\end{array}\right\}$

〔思考力，判断力，表現力等〕

(2) 情報を整理しながら考えなどを形成し，英語で表現したり，伝え合ったりすることに関する事項

　　具体的な課題等を設定し，コミュニケーションを行う目的や場面，状況などに応じて，情報を整理しながら考えなどを形成し，これらを表現することを通して，次の事項を身に付けることができるよう指導する。

　ア　身近で簡単な事柄について，伝えようとする内容を整理した上で，簡単な語句や基本的な表現を用いて，自分の考えや気持ちなどを伝え合うこと。

　イ　身近で簡単な事柄について，音声で十分に慣れ親しんだ簡単な語句や基本的な表現を推測しながら読んだり，語順を意識しながら書いたりすること。

(3) 言語活動及び言語の働きに関する事項

　① 言語活動に関する事項

　　(2)に示す事項については，(1)に示す事項を活用して，例えば次のような言語活動を通して指導する。

　ア　聞くこと

　　(ア) 自分のことや学校生活など，身近で簡単な事柄について，簡単な語句や基本的な表現を聞いて，それらを表すイラストや写真などと結び付ける活動。

　　(イ) 日付や時刻，値段などを表す表現など，日常生活に関する身近で簡単な事柄について，具体的な情報を聞き取る活動。

　　(ウ) 友達や家族，学校生活など，身近で簡単な事柄について，簡単な語句や基本的な表現で話される短い会話や説明を，イラストや写真などを参考にしながら聞いて，必要な情報を得る活動。

　イ　読むこと

　　(ア) 活字体で書かれた文字を見て，どの文字であるかやその文字が大文字であるか小文字であるかを識別する活動。

　　(イ) 活字体で書かれた文字を見て，その読み方を適切に発音する活動。

　　(ウ) 日常生活に関する身近で簡単な事柄を内容とする掲示やパンフレットなどから，自分が必要とする情報を得る活動。

　　(エ) 音声で十分に慣れ親しんだ簡単な語句や基本的な表現を，絵本などの中から識別する活動。

ウ 話すこと［やり取り］
　（ア）初対面の人や知り合いと挨拶を交わしたり，相手に指示や依頼をして，それらに応じたり断ったりする活動。
　（イ）日常生活に関する身近で簡単な事柄について，自分の考えや気持ちなどを伝えたり，簡単な質問をしたり質問に答えたりして伝え合う活動。
　（ウ）自分に関する簡単な質問に対してその場で答えたり，相手に関する簡単な質問をその場でしたりして，短い会話をする活動。
エ 話すこと［発表］
　（ア）時刻や日時，場所など，日常生活に関する身近で簡単な事柄を話す活動。
　（イ）簡単な語句や基本的な表現を用いて，自分の趣味や得意なことなどを含めた自己紹介をする活動。
　（ウ）簡単な語句や基本的な表現を用いて，学校生活や地域に関することなど，身近で簡単な事柄について，自分の考えや気持ちなどを話す活動。
オ 書くこと
　（ア）文字の読み方が発音されるのを聞いて，活字体の大文字，小文字を書く活動。
　（イ）相手に伝えるなどの目的を持って，身近で簡単な事柄について，音声で十分に慣れ親しんだ簡単な語句を書き写す活動。
　（ウ）相手に伝えるなどの目的を持って，語と語の区切りに注意して，身近で簡単な事柄について，音声で十分に慣れ親しんだ基本的な表現を書き写す活動。
　（エ）相手に伝えるなどの目的を持って，名前や年齢，趣味，好き嫌いなど，自分に関する簡単な事柄について，音声で十分に慣れ親しんだ簡単な語句や基本的な表現を用いた例の中から言葉を選んで書く活動。

② 言語の働きに関する事項
　言語活動を行うに当たり，主として次に示すような言語の使用場面や言語の働きを取り上げるようにする。
ア 言語の使用場面の例
　（ア）児童の身近な暮らしに関わる場面
　　・家庭での生活　　・学校での学習や活動
　　・地域の行事　など
　（イ）特有の表現がよく使われる場面
　　・挨拶　　　　　・自己紹介　　　　・買物

・食事　　　　・道案内　　　　・旅行　など
　イ　言語の働きの例
　　（ア）コミュニケーションを円滑にする
　　　・挨拶をする　・呼び掛ける　・相づちを打つ
　　　・聞き直す　　・繰り返す　など
　　（イ）気持ちを伝える
　　　・礼を言う　　・褒める　　　・謝る　など
　　（ウ）事実・情報を伝える
　　　・説明する　　・報告する　　・発表する　など
　　（エ）考えや意図を伝える
　　　・申し出る　　・意見を言う　・賛成する
　　　・承諾する　　・断る　など
　　（オ）相手の行動を促す
　　　・質問する　　・依頼する　　・命令する　など

3　指導計画の作成と内容の取扱い

(1) 指導計画の作成に当たっては，第3学年及び第4学年並びに中学校及び高等学校における指導との接続に留意しながら，次の事項に配慮するものとする。

　ア　単元など内容や時間のまとまりを見通して，その中で育む資質・能力の育成に向けて，児童の主体的・対話的で深い学びの実現を図るようにすること。その際，具体的な課題等を設定し，児童が外国語によるコミュニケーションにおける見方・考え方を働かせながら，コミュニケーションの目的や場面，状況などを意識して活動を行い，英語の音声や語彙，表現などの知識を，五つの領域における実際のコミュニケーションにおいて活用する学習の充実を図ること。

　イ　学年ごとの目標を適切に定め，2学年間を通じて外国語科の目標の実現を図るようにすること。

　ウ　実際に英語を使用して互いの考えや気持ちを伝え合うなどの言語活動を行う際は，2の(1)に示す言語材料について理解したり練習したりするための指導を必要に応じて行うこと。また，第3学年及び第4学年において第4章外国語活動を履修する際に扱った簡単な語句や基本的な表現などの学習内容を繰り返し指導し定着を図ること。

　エ　児童が英語に多く触れることが期待される英語学習の特質を踏まえ，必要に応じて，特定の事項を取り上げて第1章総則の第2の3の(2)のウの(イ)に掲げる指導を行うことにより，指導の効果を高めるよう工夫すること。このような

　　　　指導を行う場合には，当該指導のねらいやそれを関連付けて指導を行う事項との関係を明確にするとともに，単元など内容や時間のまとまりを見通して，資質・能力が偏りなく育成されるよう計画的に指導すること。
　　オ　言語活動で扱う題材は，児童の興味・関心に合ったものとし，国語科や音楽科，図画工作科など，他の教科等で児童が学習したことを活用したり，学校行事で扱う内容と関連付けたりするなどの工夫をすること。
　　カ　障害のある児童などについては，学習活動を行う場合に生じる困難さに応じた指導内容や指導方法の工夫を計画的，組織的に行うこと。
　　キ　学級担任の教師又は外国語を担当する教師が指導計画を作成し，授業を実施するに当たっては，ネイティブ・スピーカーや英語が堪能な地域人材などの協力を得る等，指導体制の充実を図るとともに，指導方法の工夫を行うこと。
(2) 2の内容の取扱いについては，次の事項に配慮するものとする。
　　ア　2の(1)に示す言語材料については，平易なものから難しいものへと段階的に指導すること。また，児童の発達の段階に応じて，聞いたり読んだりすることを通して意味を理解できるように指導すべき事項と，話したり書いたりして表現できるように指導すべき事項とがあることに留意すること。
　　イ　音声指導に当たっては，日本語との違いに留意しながら，発音練習などを通して2の(1)のアに示す言語材料を指導すること。また，音声と文字とを関連付けて指導すること。
　　ウ　文や文構造の指導に当たっては，次の事項に留意すること。
　　　（ア）児童が日本語と英語との語順等の違いや，関連のある文や文構造のまとまりを認識できるようにするために，効果的な指導ができるよう工夫すること。
　　　（イ）文法の用語や用法の指導に偏ることがないよう配慮して，言語活動と効果的に関連付けて指導すること。
　　エ　身近で簡単な事柄について，友達に質問をしたり質問に答えたりする力を育成するため，ペア・ワーク，グループ・ワークなどの学習形態について適宜工夫すること。その際，他者とコミュニケーションを行うことに課題がある児童については，個々の児童の特性に応じて指導内容や指導方法を工夫すること。
　　オ　児童が身に付けるべき資質・能力や児童の実態，教材の内容などに応じて，視聴覚教材やコンピュータ，情報通信ネットワーク，教育機器などを有効活用し，児童の興味・関心をより高め，指導の効率化や言語活動の更なる充実を図るようにすること。
　　カ　各単元や各時間の指導に当たっては，コミュニケーションを行う目的，場面，

状況などを明確に設定し，言語活動を通して育成すべき資質・能力を明確に示すことにより，児童が学習の見通しを立てたり，振り返ったりすることができるようにすること。
(3) 教材については，次の事項に留意するものとする。
　ア　教材は，聞くこと，読むこと，話すこと［やり取り］，話すこと［発表］，書くことなどのコミュニケーションを図る基礎となる資質・能力を総合的に育成するため，1に示す五つの領域別の目標と2に示す内容との関係について，単元など内容や時間のまとまりごとに各教材の中で明確に示すとともに，実際の言語の使用場面や言語の働きに十分配慮した題材を取り上げること。
　イ　英語を使用している人々を中心とする世界の人々や日本人の日常生活，風俗習慣，物語，地理，歴史，伝統文化，自然などに関するものの中から，児童の発達の段階や興味・関心に即して適切な題材を変化をもたせて取り上げるものとし，次の観点に配慮すること。
　　(ア) 多様な考え方に対する理解を深めさせ，公正な判断力を養い豊かな心情を育てることに役立つこと。
　　(イ) 我が国の文化や，英語の背景にある文化に対する関心を高め，理解を深めようとする態度を養うことに役立つこと。
　　(ウ) 広い視野から国際理解を深め，国際社会と向き合うことが求められている我が国の一員としての自覚を高めるとともに，国際協調の精神を養うことに役立つこと。

その他の外国語
　その他の外国語については，英語の1に示す五つの領域別の目標，2に示す内容及び3に示す指導計画の作成と内容の取扱いに準じて指導を行うものとする。

第3　指導計画の作成と内容の取扱い
1　外国語科においては，英語を履修させることを原則とすること。
2　第1章総則の第1の2の(2)に示す道徳教育の目標に基づき，道徳科などとの関連を考慮しながら，第3章特別の教科道徳の第2に示す内容について，外国語科の特質に応じて適切な指導をすること。

巻末資料❸ 新学習指導要領(外国語活動)

第4章　外国語活動

第1　目標

外国語によるコミュニケーションにおける見方・考え方を働かせ，外国語による聞くこと，話すことの言語活動を通して，コミュニケーションを図る素地となる資質・能力を次のとおり育成することを目指す。

(1) 外国語を通して，言語や文化について体験的に理解を深め，日本語と外国語との音声の違い等に気付くとともに，外国語の音声や基本的な表現に慣れ親しむようにする。

(2) 身近で簡単な事柄について，外国語で聞いたり話したりして自分の考えや気持ちなどを伝え合う力の素地を養う。

(3) 外国語を通して，言語やその背景にある文化に対する理解を深め，相手に配慮しながら，主体的に外国語を用いてコミュニケーションを図ろうとする態度を養う。

第2　各言語の目標及び内容等

英　語

1　目　標

英語学習の特質を踏まえ，以下に示す，聞くこと，話すこと［やり取り］，話すこと［発表］の三つの領域別に設定する目標の実現を目指した指導を通して，第1の(1)及び(2)に示す資質・能力を一体的に育成するとともに，その過程を通して，第1の(3)に示す資質・能力を育成する。

(1) 聞くこと

ア　ゆっくりはっきりと話された際に，自分のことや身の回りの物を表す簡単な語句を聞き取るようにする。

イ　ゆっくりはっきりと話された際に，身近で簡単な事柄に関する基本的な表現の意味が分かるようにする。

ウ　文字の読み方が発音されるのを聞いた際に，どの文字であるかが分かるようにする。

(2) 話すこと［やり取り］

ア　基本的な表現を用いて挨拶，感謝，簡単な指示をしたり，それらに応じたりするようにする。

イ　自分のことや身の回りの物について，動作を交えながら，自分の考えや気持ちなどを，簡単な語句や基本的な表現を用いて伝え合うようにする。

ウ　サポートを受けて，自分や相手のこと及び身の回りの物に関する事柄について，簡単な語句や基本的な表現を用いて質問をしたり質問に答えたりするようにする。

(3) 話すこと［発表］
　　ア　身の回りの物について，人前で実物などを見せながら，簡単な語句や基本的な表現を用いて話すようにする。
　　イ　自分のことについて，人前で実物などを見せながら，簡単な語句や基本的な表現を用いて話すようにする。
　　ウ　日常生活に関する身近で簡単な事柄について，人前で実物などを見せながら，自分の考えや気持ちなどを，簡単な語句や基本的な表現を用いて話すようにする。

2　内　容
〔第3学年及び第4学年〕
〔知識及び技能〕
(1) 英語の特徴等に関する事項
　実際に英語を用いた言語活動を通して，次の事項を体験的に身に付けることができるよう指導する。
　　ア　言語を用いて主体的にコミュニケーションを図ることの楽しさや大切さを知ること。
　　イ　日本と外国の言語や文化について理解すること。
　　（ア）英語の音声やリズムなどに慣れ親しむとともに，日本語との違いを知り，言葉の面白さや豊かさに気付くこと。
　　（イ）日本と外国との生活や習慣，行事などの違いを知り，多様な考え方があることに気付くこと。
　　（ウ）異なる文化をもつ人々との交流などを体験し，文化等に対する理解を深めること。
〔思考力，判断力，表現力等〕
(2) 情報を整理しながら考えなどを形成し，英語で表現したり，伝え合ったりすることに関する事項
　　具体的な課題等を設定し，コミュニケーションを行う目的や場面，状況などに応じて，情報や考えなどを表現することを通して，次の事項を身に付けることができるよう指導する。
　　ア　自分のことや身近で簡単な事柄について，簡単な語句や基本的な表現を使っ

て，相手に配慮しながら，伝え合うこと。
イ　身近で簡単な事柄について，自分の考えや気持ちなどが伝わるよう，工夫して質問をしたり質問に答えたりすること。

(3) 言語活動及び言語の働きに関する事項
① 言語活動に関する事項
　(2)に示す事項については，(1)に示す事項を活用して，例えば次のような言語活動を通して指導する。
　ア　聞くこと
　　(ア) 身近で簡単な事柄に関する短い話を聞いておおよその内容を分かったりする活動。
　　(イ) 身近な人や身の回りの物に関する簡単な語句や基本的な表現を聞いて，それらを表すイラストや写真などと結び付ける活動。
　　(ウ) 文字の読み方が発音されるのを聞いて，活字体で書かれた文字と結び付ける活動。
　イ　話すこと［やり取り］
　　(ア) 知り合いと簡単な挨拶を交わしたり，感謝や簡単な指示，依頼をして，それらに応じたりする活動。
　　(イ) 自分のことや身の回りの物について，動作を交えながら，好みや要求などの自分の気持ちや考えなどを伝え合う活動。
　　(ウ) 自分や相手の好み及び欲しい物などについて，簡単な質問をしたり質問に答えたりする活動。
　ウ　話すこと［発表］
　　(ア) 身の回りの物の数や形状などについて，人前で実物やイラスト，写真などを見せながら話す活動。
　　(イ) 自分の好き嫌いや，欲しい物などについて，人前で実物やイラスト，写真などを見せながら話す活動。
　　(ウ) 時刻や曜日，場所など，日常生活に関する身近で簡単な事柄について，人前で実物やイラスト，写真などを見せながら，自分の考えや気持ちなどを話す活動。
② 言語の働きに関する事項
　言語活動を行うに当たり，主として次に示すような言語の使用場面や言語の働きを取り上げるようにする。
　ア　言語の使用場面の例
　　(ア) 児童の身近な暮らしに関わる場面

- 家庭での生活　　・学校での学習や活動
- 地域の行事　　　・子供の遊び　など

(イ) 特有の表現がよく使われる場面
- 挨拶　　・自己紹介　　・買物
- 食事　　・道案内　など

イ　言語の働きの例

(ア) コミュニケーションを円滑にする
- 挨拶をする　　・相づちを打つ　など

(イ) 気持ちを伝える
- 礼を言う　　・褒めるなど

(ウ) 事実・情報を伝える
- 説明する　　・答える　など

(エ) 考えや意図を伝える
- 申し出る　　・意見を言う　など

(オ) 相手の行動を促す
- 質問する　　・依頼する　　・命令する　など

3　指導計画の作成と内容の取扱い

(1) 指導計画の作成に当たっては，第5学年及び第6学年並びに中学校及び高等学校における指導との接続に留意しながら，次の事項に配慮するものとする。

ア　単元など内容や時間のまとまりを見通して，その中で育む資質・能力の育成に向けて，児童の主体的・対話的で深い学びの実現を図るようにすること。その際，具体的な課題等を設定し，児童が外国語によるコミュニケーションにおける見方・考え方を働かせながら，コミュニケーションの目的や場面，状況などを意識して活動を行い，英語の音声や語彙，表現などの知識を，三つの領域における実際のコミュニケーションにおいて活用する学習の充実を図ること。

イ　学年ごとの目標を適切に定め，2学年間を通して外国語活動の目標の実現を図るようにすること。

ウ　実際に英語を用いて互いの考えや気持ちを伝え合うなどの言語活動を行う際は，2の(1)に示す事項について理解したり練習したりするための指導を必要に応じて行うこと。また，英語を初めて学習することに配慮し，簡単な語句や基本的な表現を用いながら，友達との関わりを大切にした体験的な言語活動を行うこと。

エ　言語活動で扱う題材は，児童の興味・関心に合ったものとし，国語科や音楽科，図画工作科など，他教科等で児童が学習したことを活用したり，学校行事で扱う内容と関連付けたりするなどの工夫をすること。

オ　外国語活動を通して，外国語や外国の文化のみならず，国語や我が国の文化についても併せて理解を深めるようにすること。言語活動で扱う題材についても，我が国の文化や，英語の背景にある文化に対する関心を高め，理解を深めようとする態度を養うのに役立つものとすること。

カ　障害のある児童などについては，学習活動を行う場合に生じる困難さに応じた指導内容や指導方法の工夫を計画的，組織的に行うこと。

キ　学級担任の教師又は外国語活動を担当する教師が指導計画を作成し，授業を実施するに当たっては，ネイティブ・スピーカーや英語が堪能な地域人材などの協力を得る等，指導体制の充実を図るとともに，指導方法の工夫を行うこと。

(2) 2の内容の取扱いについては，次の事項に配慮するものとする。

ア　英語でのコミュニケーションを体験させる際は，児童の発達の段階を考慮した表現を用い，児童にとって身近なコミュニケーションの場面を設定すること。

イ　文字については，児童の学習負担に配慮しつつ，音声によるコミュニケーションを補助するものとして取り扱うこと。

ウ　言葉によらないコミュニケーションの手段もコミュニケーションを支えるものであることを踏まえ，ジェスチャーなどを取り上げ，その役割を理解させるようにすること。

エ　身近で簡単な事柄について，友達に質問をしたり質問に答えたりする力を育成するため，ペア・ワーク，グループ・ワークなどの学習形態について適宜工夫すること。その際，相手とコミュニケーションを行うことに課題がある児童については，個々の児童の特性に応じて指導内容や指導方法を工夫すること。

オ　児童が身に付けるべき資質・能力や児童の実態，教材の内容などに応じて，視聴覚教材やコンピュータ，情報通信ネットワーク，教育機器などを有効活用し，児童の興味・関心をより高め，指導の効率化や言語活動の更なる充実を図るようにすること。

カ　各単元や各時間の指導に当たっては，コミュニケーションを行う目的，場面，状況などを明確に設定し，言語活動を通して育成すべき資質・能力を明確に示すことにより，児童が学習の見通しを立てたり，振り返ったりするこ

とができるようにすること。

第3 指導計画の作成と内容の取扱い

1 外国語活動においては,言語やその背景にある文化に対する理解が深まるよう指導するとともに,外国語による聞くこと,話すことの言語活動を行う際は,英語を取り扱うことを原則とすること。

2 第1章総則の第1の2の(2)に示す道徳教育の目標に基づき,道徳科などとの関連を考慮しながら,第3章特別の教科道徳の第2に示す内容について,外国語活動の特質に応じて適切な指導をすること。

●代表編著者

大城 賢　　（琉球大学教授）
萬谷 隆一　（北海道教育大学教授）

●編著者

アダチ 徹子　（宮崎大学准教授）
樫村 雅子　　（千葉県柏市立柏第八小学校教頭）
柏木 賀津子　（大阪教育大学教授）
上原 明子　　（都留文科大学准教授）
櫛田 亜季　　（茨城県高萩市立高萩中学校教諭）
栄利 滋人　　（宮城県仙台市立国見小学校教諭）
宗　 誠　　　（佐賀県有田町立有田中部小学校校長）
根本 アリソン（宮城教育大学特任准教授）
福岡 なをみ　（椙山女学院大学附属小学校教諭）

出典

Me Myself ©2004 APRICOT / Mikiko Nakamoto

小学校英語早わかり 実践ガイドブック —新学習指導要領対応—

平成29年7月31日　　初版発行

カバー／本文レイアウトデザイン　うちきばがんた
DTP　パシフィック・ウィステリア有限会社
イラストレーター　田中斉

印刷所　平河工業社
　　　　〒162-0814　東京都新宿区新小川町3-9
発行者　開隆堂出版株式会社
　　　　代表者　大熊隆晴
発行所　開隆堂出版株式会社
発売所　開隆館出版販売株式会社
　　　　〒113-8608　東京都文京区向丘1-13-1
　　　　電話03-5684-6115(編集), 6118(販売)
　　　　http://www.kairyudo.co.jp/
振　替　00100-5-55345

乱丁本・落丁本はお取替えいたします。　　ISBN978-4-304-05159-3 C3037